电力期货交易品种设计及其运营机制研究

马险峰　常　清　等编著

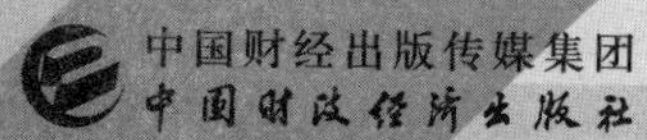

图书在版编目（CIP）数据

电力期货交易品种设计及其运营机制研究 / 马险峰等编著. -- 北京：中国财政经济出版社，2023.9

ISBN 978-7-5223-2105-9

Ⅰ. ①电… Ⅱ. ①马… Ⅲ. ①电力工业－期货交易－品种－研究－中国 ②电力工业－期货市场－运营管理－研究－中国 Ⅳ. ①F426.61

中国国家版本馆CIP数据核字（2023）第047159号

责任编辑：郁东敏　　责任印制：党　辉
封面设计：中通世奥　　责任校对：胡永立

电力期货交易品种设计及其运营机制研究
DIANLI QIHUO JIAOYI PINZHONG SHEJI JIQI YUNYING JIZHI YANJIU

中国财政经济出版社 出版

URL：http：//www. cfeph. cn

E-mail：cfeph@ cfeph. cn

社址：北京市海淀区阜成路甲28号　邮政编码：100142

营销中心电话：010-88191522

天猫网店：中国财政经济出版社旗舰店

网址：https：//zgczjjcbs. tmall. com

北京富生印刷厂印刷　各地新华书店经销

成品尺寸：170mm×240mm　16开　10.25印张　110 000字

2023年9月第1版　2023年9月北京第1次印刷

定价：48.00元

ISBN 978-7-5223-2105-9

（图书出现印装问题，本社负责调换，电话：010-88190548）

本社图书质量投诉电话：010-88190744

打击盗版举报热线：010-88191661　QQ：2242791300

前言
PREFACE

实现碳达峰碳中和是一场广泛而深刻的经济社会系统性变革，需要构建清洁低碳安全高效的现代能源体系和新型电力系统。落实双碳目标，能源是主战场，电力是主力军。电力行业低碳转型在推进经济社会绿色发展、实现碳达峰碳中和目标中发挥着重要作用。完善多层次电力市场体系，充分发挥市场在电力资源优化配置中的决定性作用，对于加快推进以新能源为主体的新型电力系统建设、促进能源电力绿色低碳转型具有积极意义。电力期货是多层次电力市场体系重要组成部分，有助于提供权威价格信号和风险管理功能，健全市场化资源配置机制。

国际电力期货已在典型市场化国家和地区电力市场上取得显著进展，为我国电力期货的发展提供了重要借鉴。在欧洲电力市场改革早期，北欧电力交易所（Nord Pool ASA）在运营电力现货批发市场的同时，推出首批电力延期结算期货合约（Defered Settlement Futures，DS Futures）。经过数十年的发展，欧洲电力期货市场不断成熟，市场交易较为活跃。目前，欧洲能源交易所集团（EEX）的电力金融衍生品业务已覆盖欧洲多个区域电力市场，成为全球最大电力交易平台。1996年，美国纽约商业交易所（NYMEX）针对加利福尼亚—俄勒冈电力现货市场和保罗福德地区电力市场设计和上市了电力期货合约，但由于交易不活跃而很快退市。2000年，NYMEX以PJM电力现货市场为对象，设计上市了现金结算的电力期货合约。此后20多年里，美国电力期货发展十分迅速，交易量持续增长。澳大利亚电力期货市场发展相对较快。2002年9月澳大利亚悉尼期货交易所（SFE）和新西兰输电公司下属的D-cypha公司在悉尼期货交易所推出了澳大利亚电力期货。同年10月，澳大利亚证券交易所（ASX）也推出电力期货。截至2021年8月，澳大利亚共上市35个电力期货合约、10个期权合约，其中期货合约已经涵盖维多利亚、新南威尔士、昆士兰和南澳等定价区域，其交易电量规模约为现货市场的2倍。

我国电力市场体系不断健全，为电力期货的开展奠定了良好基础。一是2015年发布的《关于深化电力体制改革的若干意见》（中发9号文）中提出“待时机成熟时，探索开展电力期货和电力场外衍生品交易，为发电企业、售电主体和用户提供远期价格基准和风险管理手段”。9号文的配套文件《关于推进电力市场建设的实施意见》中也明确提出“电力市场条件成熟时，探索开展容量市场、电力期货和衍生品等交易”，并进一步提出了“探索在全国建立统一的电力期货、衍生品市场”。9号文及其配套文件作为本轮电力体制改革的纲领性文件，为电力期货等电力金融衍生品的开发提供了政策支持。二是广东、山西、山东等地电力现货市场已开展连续结算试运行，第二批现货市场试点积极推进，全国范围内的电力现货市场建设将全面铺开。与此同时，我国电力市场主体正在加速培育，发电企业、售电公司和用户等市场主体正不断成熟，市场化意识也有所加强。

我国期货市场长期稳健发展，各项机制日臻完善，价格发现、风险管理和资源配置功能不断深化，为电力期货的推出创造了有

利条件。推出电力期货品种，一方面有助于理顺电力价格形成机制，健全多层次电力市场体系，优化电力资源配置，深化电力体制改革；另一方面，有助于完善我国能源期货序列，形成品种聚集效应，推动期货市场创新，更好服务经济高质量发展。当前我国电力体制改革不断深入推进，能源结构调整步伐持续加快，如何立足我国国情和能源资源禀赋，科学合理地设计电力期货合约，稳步推进电力期货市场建设是值得研究的重要问题。

带着以上思考，本课题充分借鉴国际经验，基于我国电力市场建设和发展实际，研究提出电力期货合约设计基本思路。分章节内容来看，第一章开门见山地阐明本课题主要研究结论和有关建议；第二章全面梳理研究背景和研究意义，论述开展电力期货的必要性；第三章系统梳理我国期货市场发展现状，分析期货市场服务实体经济的功能与作用，剖析我国期货市场发展的短板，阐释部分期货市场风险事件对产业的影响和应对措施；第四章全面梳理我国电力市场建设的总体进展，深入分析我国省级电力现货市场的建设情况，剖析我国电力市场建设的关键问题；第五章全面对比分析电力市场与期货市场的基本概念，剖析电力期货市场和电力中长期合约市场的区别与联系；第六章分别从法规政策以及电力市场建设角度分析我国开展电力期货的可行性，提出我国已具备发展电力期货基础条件的初步结论；第七章从电力交易中心的角度出发，分析组织开展电力期货交易的优势和途径，梳理电力交易中心与期货市场对接的难点和解决方式，初步提出电力交易中心参与期货市场的运营模式；第八章分析欧洲、美国、澳大利亚和日本等国际典型电力市场化国家和地区发展电力期货的经验，从合约类型、合约大小、合约标的以及交割方式等方面总结国际电力期货市场特点，为我国电力期货市场建设提供重要参考；第九章在充分借鉴国际经验的基础上，考虑我国电力市场发展实际，从电力期货合约期限转换机制、期货交割制度、期现货交易机制衔接等方面初步提出我国电力期货合约特殊机制设计建议。

电力市场运行机制复杂，且受到诸多因素影响。电力期货市场建设发展需要各方共同努力、协调推进。我们试图从我国电力市场实际出发，通过基本理论阐述、国际实践经验梳理等方式，研究提出我国电力期货市场建设的有关建议。但由于水平有限，本书难免有不当之处，恳请各位读者不吝赐教，也希望各位研究人员和专业人士关注与推动我国电力期货市场建设和发展。

马险峰

2023年8月28日

CONTENTS

第 7 章　电力交易中心开展期货交易面临的机遇和挑战 / 55

第 8 章　国际电力期货发展经验 / 63

第 9 章　我国电力期货合约的特殊设计 / 138

第1章

相关结论和建议

建立电力期货市场，健全市场化资源配置机制，提供权威价格信号和风险管理功能，是调整能源结构、实现“双碳”目标的重要保障。目前，我国已具备建设电力期货市场的基本条件，应加快电力期货市场建设步伐。建设电力期货市场，要充分发挥电力交易机构和期货交易所的优势，促进电力交易机构与期货交易所之间的合作。要坚持服务实体经济理念，推动形成合理投资者结构。要紧跟我国电力市场化发展步伐，适应现货市场交易特点，设计电力期货合约。要逐步建立健全与电力现货市场紧密联系的多层次电力衍生品市场体系，有力促进调整能源结构。

1.1　我国已具备建设电力期货市场基本条件，应加快期货市场建设步伐

电力期货是美国、欧洲、日本等相对成熟电力市场的重要组成部分。电力期货与中长期合约在功能上既有重叠又有差异，未来在市场中可以互为补充。发展电力期货有助于推动现货市场稳

定发展，促进深化电力体制改革。

从国外电力期货市场发展历程看，电力期货市场都是在现货市场由高度垄断定价向市场化定价改革的过程中推出的，且与现货市场化定价改革基本同步。目前，电力市场中各项市场要素已经初步具备，电力市场体系初步形成；各类交易规范组织，市场主体广泛参与；资源配置逐步由以计划为主向市场为主转变，市场主体自主决定量价，市场化程度进一步提高。只要有一定规模的自由化的电力市场，电力期货就有发展基础。

1.2 开展电力期货市场要充分发挥电力交易机构和期货交易所的优势

期货交易所在期货产品开发和市场管理方面具有优势，电力交易机构则在电力现货市场组织、电力输配用等环节有明显优势。具有现货背景的期货交易所，则在期货合约的现货基准管理、期转现实物交割、投资者宣传服务等方面有优势。从国外发展历程看，电力期货既可以在已有期货交易所上市如美国、澳大利亚、日本等，也可以由电力现货交易所独立运行期货交易功能，甚至也可以像欧洲一样推出新的交易场所类别“有组织的交易设施”（Organised Trading Facility，OTF）运行必须实物交割的电力期货。

1.3 在电力期货市场建设中，电力交易机构与期货交易所有广阔合作空间

根据法律法规及相关制度要求，期货交易必须在期货交易场所进行。因此，结合电力交易市场和期货交易所的各自技术和风

控优势，兼顾电力的公共品属性以及电力交割对电网的依赖性，建议电力交易市场和期货交易所合作开展电力期货市场建设。既可以通过出资、入股等形式与已有期货交易所合作，也可以通过技术合作共建电力期货交易系统平台等方式，推动电力期货在期货交易所上市，乃至通过结算价授权等形式参与电力期货市场建设。

1.4　坚持服务实体经济理念推动形成合理投资者结构发挥电力期货作用

合理的投资者结构既是期货市场功能作用发挥的前提，也是有效服务实体经济的重要保障。有效运行的电力期货市场结构不仅要有电力市场供需两端企业的积极参与，而且还要有一定数量的小规模投资者以及互换交易商和管理基金等金融市场中介。电力期货合约规则设计要便利电力现货企业的参与，也要为其他各类投资者表达市场观点和参与电力投资提供机会，从而为电力现货企业进行套期保值提供必要流动性。要设计合理的限仓规则和合约期限结构，确保市场参与主体有效合理。可逐步对不同类型主体放开参与期货的限制，如前期仅对发电企业、大用户、售电公司等专业人员开放电力期货，待市场成熟后，再逐步引进非专业人员。

1.5　紧跟我国电力市场化步伐和现货市场交易特点设计电力期货合约

建议选择电力市场化交易程度较高、现货市场建设较完善的省级市场的交易品种，价格波动较大、阻塞情况较为严重导致风险管理需求较大的地区，优先推出电力期货标的。

交易标的一般可以按照时间分为高峰期货、谷段期货、平段期货，还可以按照工作日/非工作日、汛期/枯水期等，体现电力商品不同时间段价值；按照不同地点设计期货交易标的，反映阻塞程度；根据火电、水电、核电、风电和光电等电源品种，设计不同期货标的，满足不同电源品种风险管理的需求。可按照年度、季度、月度、周和日设计不同大小合约。

建议在国内上市季度和月度两种电力期货合约，挂牌12个月以内的期货合约，其中最近的1~3个月连续月份合约，3个月以后为季度合约，并采取远期季度合约转月度合约的转换机制。

结算实行每日无负债结算制度。交割采用现金交割，强流动性建设。国际经验表明，如果采用实物交割，交割过程的不确定性可能会影响投资者参与的积极性。纽约商业交易所（the New York Mercantile Exchange，NYMEX）在1996年最先推出的两份合约为实物交割，但由于不活跃已退市，目前全部合约均采用现金结算。英国伦敦国际石油交易所（International Position Evaluation，IPE）自2000年开始引入电力期货交易，均为实物交割，但由于流通性较差，于2002年取消了该期货，2004年再次引入了现金结算方式的期货。澳大利亚、新加坡和日本的电力合约也是以现金结算为主，并且针对流动性不足的问题，纳斯达克、新加坡等交易所在推出电力期货不久后，引入了做市商。

1.6 积极发展与电力现货市场紧密联系的多层次电力衍生品市场体系

建立与标准化电力期货市场相协同的场外衍生品市场是期货

市场功能作用有效发挥的重要支持。从境外电力衍生品发展过程看，电力市场体系发育具有现货、远期、期货等发展演进的逻辑，电力远期、互换等在电力期货市场发展中发挥着重要作用，与电力期货市场形成了统一的多层次市场体系。我国要在发展电力中长期合约同时，积极发展电力互换、电力场外期权、电力指数ETF等场外交易市场（Over-the-counter，OTC）电力金融衍生品，建立场内场外相结合的多元化的电力衍生品工具体系。

第 2 章

研究背景和意义

2.1 研究背景

我国2030年前实现碳达峰、2060年前实现碳中和，是以习近平同志为核心的党中央经过深思熟虑作出的重大战略决策，是我国实现可持续发展、高质量发展的内在要求，是推动构建人类命运共同体的必然选择。实现碳达峰碳中和目标，是一场广泛而深刻的经济社会系统性变革，需要构建绿色低碳的产业结构、生产方式、生活方式、空间布局，其中蕴含着能源转型、零碳/负碳技术颠覆性创新、产业变革等巨大挑战。《关于完整准确全面贯彻新发展理念做好碳达峰碳中和工作的意见》要求能源消费结构大幅调整，到2025年我国非化石能源消费比重达到20%左右，到2030年我国非化石能源消费比重达到25%左右，到2060年我国非化石能源消费比重达到80%以上。

“双碳”目标实现过程中，能源是主战场，电力是生力军。能源消费结构变化为“双碳”实现过程中最显著特征，未来风电、光伏发电、水电等可再生能源将占一次能源主导地位。根据国际能源机构（International Energy Agency，IEA）预测，在“双碳”目标下，至2030/2060年我国可再生能源占一次能源消费比重分别为18.5%/58.9%，其中光伏发电占比分别为5.8%/25.6%，风电占比分别为2.3%/12.4%。光伏电源天然具有不稳定性、不可预测性，易受天气、时间等因素影响，波峰波谷特性明显，风电、水电受天气因素影响较大，价格变化明显。建立电力期货市场，发挥市场在优化资源配置中的积极作用，可以提供价格信号和风险管理功能，是实现“双碳”目标、优化能源结构的重要保障。

同时，电力期货市场是电力市场的重要组成部分，对电力期货市场的深入研究是全面推进电力体制改革的需要，积极推动电力期货的研究与上市对完善我国能源期货序列、形成品种聚集效应、提升专业竞争优势都具有重要的意义。

2015年3月，《中共中央　国务院关于进一步深化电力体制改革的若干意见》（中发〔2015〕9号文）的发布标志着我国新一轮电力体制改革拉开帷幕，提出待条件成熟时，探索开展电力期货和电力市场外衍生品交易，为发电企业、售电主体和用户提供远期价格基准和风险管理手段。2015年11月，国家发展改革委、国家能源局发布《关于推进电力市场建设的实施意见》，明确提出开展现货市场建设。2017年8月，国家发展和改革委员会、国家能源局发布《开展电力现货市场建设试点工作的通知》，我国电力现货市场建设工作正在稳步推进，8个试点地区于2019年6月底前已经全部投入现货市场模拟试运行。目前，电力市场化改革不断向前推进，在当前电力供大于求的大背景下，电力市场竞争越来越激烈，电力生产、交易方式和消费方式都发生了根本性变化。2021年中国证监会集中答复两会代表提案建议，在答复“关于国家进一步明确能源商品期现结合交易监管主体的建议”时，中国证监会表示，下一步将继续研究丰富期货交易品种，进一步提升能源期货市场运行质量，以满足各类市场主体的交易需求。中国证监会表示，自2017年以来，国家发展和改革委员会、国家能源局在包括山西在内的8个地区开展电力现货市场建设第一批试点，目前已全部进入结算试运行。随着我国电力现货试点建设的不断深入，市场主体对开展电力期货交易的需求也将逐步显现，中国证监会将结合市场需求积极推进电力期货相关上市研究工作，丰富期货品种。电力期货和衍生品交易是我国电力市场建设的中远期任务，随着我国电力现货市场建设工作的稳步推进，我国电力期货市场建设的呼声也越来越高。

北京电力交易中心有限公司作为目前中国最大的电力现货交易平台，应抓住机会，抢占先机，充分发挥市场机制作用，积极创新交易品种，探索在全国建立统一的电力期货、衍生品市场。目前的重要任务应在顶层设计上统筹推进我国电力现货市场、期货市场建设，着手对电力期货开展相关设计，适时开展过渡平台建设，结合目前情况，既可以选择在现有期货交易中增加电力期货品种，或选择在现有电力交易中心推出电力期货，也可以建立专业电力期货交易所，率先在北方区域实现电力期货交易的突破，以解决电力经济中的电力预测和风险分担难题。

2.2 研究意义

2.2.1 有助于公司实现电力市场建设的总体目标，进一步扩展创新业务

未来电力市场建设的中远期任务要进一步丰富中长期市场交易品种，探索开展容量市场、金融输电权市场、电力期货和衍生品交易等，进一步丰富电力市场交易体系。电力期货的发展有助于公司在电力资本市场体系建设、电力相关产品、衍生品、交易模式和相关金融服务创新、监管等方面做出新产品新业务开发以及综合性业务拓展。

2.2.2 发现电力商品价格，为众多产业提供套保工具

按照使用目的，我国终端电力用户可以分为工业、工商业、居民及农业生产用电四大类，各类用户实行不同目录销售电价，其中，政府对居民用电价格予以监管。现阶段，我国电力销售价格主要分为四个部分：上网电价、输配电价、输配线损、政府性基金及附加。整体来看，售电价格既有发电及输配电成本，也包含一些与电力成本无关的服务性社会职能因素及国家关于产业转型等宏观政策影响。此外，还存在交叉补贴等问题，导致最终的售电价格偏离实际成本。上市电力期货，不仅有助于发现电力的真实价格，也方便监管机构制定电力价格时能够参照市场化交易电量的价格，发挥市场在能源资源配置中的决定性作用。

用电消费企业的用电成本决定了企业的生存和利润水平，电价的波动将极大地影响生产运营成本。如果能够利用电力期货的套期保值功能，则可以很好地规避价格波动的风险，保障企业的

生存和发展。此外，对上市电力期货合约，有助于区分电力来源的不同价值，而非通过补贴等方式产生不同发电方式及其发电成本与电力价格的偏离，解决弃水、弃风、弃光的问题，而相关行业也可以通过电力期货进行套期保值。

2.2.3 优化资源配置，助力电力市场化改革

西部地区一次能源储量丰富，东部地区装机无法满足用电需要，这种东西部经济发展程度上的巨大差异必然导致用电产业在结构上的差异，也自然地形成了“西电东送”的现实需求。而加快电力现货市场建设，可以充分体现东西部地区在经济和资源之间的互补特性，促进资源在区域范围内的优化配置。开展电力期货交易，期货市场的建立有助于电力市场形成统一规范，市场参与者能够在公开透明的统一规则下，通过自由合约达成交易，建立期货市场的过程有利于国家电力区域划分和电力区域价格的形成。同时，电力期货市场中的参与者更加多元化和分散化，大型电力企业左右市场的能力能够得到有效遏制，从而改善市场竞争。另外，期货市场机制能够对供给双方行为进行自行调节，能够在很大程度上弱化政府职能，使政府完成向“市场监管者”的转型，减少电价中非经济的因素。

2.2.4 企业有避险需求，希望上市期货工具

在传统的电力工业管理体制下，我国对电价实行严格管制，政府统一管理电价，对电价实行严格审计。在这样的硬性控制下，电价的波动很小，几乎没有独立发、输、配电企业，因此不会面临由于电价波动造成的风险。但随着电力体制向市场化方向改革

的进行，电力市场中批发电价和零售电价都将逐步放开，电价的波动范围、波动风险都将增加，对于众多的发电企业、售电企业、消费用户都会产生新的避险需求，需要新的期货工具进行风险管理。

从各国的电力期货市场运行来看，电力金融市场的良好运行，有效规避了现货市场电价剧烈波动的风险，为市场主体提供风险管理的手段。从世界各国电改经验来看，适时引入电力期货是必要的。电力期货市场为电力行业和消费者提供了对冲风险的平台，其结果是一个更有效率和更具竞争力的批发和零售市场，这将为电力市场的利益相关者带来好处。对发电公司而言，期货市场提供额外的对冲选择，以管理其商业及营运风险。对消费者而言，期货市场为其多提供了一种锁定长期价格的途径。与此同时，消费者可以利用期货市场提供的透明价格，与电力零售商谈判。这样的市场透明化和价格发现促成了价格对比，为电力消费者提供有力的协商工具，可以反过来降低电力成本。竞争是好的，在降低消费者的购电成本的同时，提高了供应商的生产效率。

2.2.5　有助于中国期货市场发展全新突破

中国的商品期货品种体系较为完善，基本包括所有交易活跃的大宗商品，但电力期货产品仍没有推出。目前，商品期货已成为相关行业参与者、金融投资者进行价格趋势分析最重要的依据及进行风险对冲最有效的手段。就期货市场而言，整体已经相对成熟，市场参与主体已形成期货交易的习惯，电力作为影响全部经济产业链的重要行业，规模巨大，市场有强烈的意愿引入期货产品。

2.2.6 有助于电力市场形成统一规范、推进电力改革

市场参与者能够在公开透明的统一规则下，通过自由合约达成交易，建立期货市场的过程有利于国家电力区域划分和电力区域价格的形成。同时，电力期货市场中的参与者更加多元化和分散化，大型电力企业的市场力能够得到有效遏制，从而改善市场竞争。另外，期货市场机制能够对供给双方行为进行自行调节，能够在很大程度上弱化政府职能，使政府完成向“市场监管者”的转型，减少电价中非经济的因素。

第3章

我国期货市场服务实体经济的功能与作用分析

3.1 我国期货市场发展现状

3.1.1 期货市场发展规模

期货市场不断扩容，成交量持续增长。经过两次清理整顿后，我国期货市场进入规范发展的新阶段，成交量和成交额不断增长。2020年，全国期货市场成交额437.53万亿元，成交量达61.53亿手，均创历史新高。据美国期货业协会（Futures Industry Association，FIA）公布数据显示，自2010年以来我国全市场期货交易量（手数）已连续多年排名位居世界前列。但考虑到合约单位，实际成交规模与国外成熟品种存在一定差距。

3.1.2 期货市场发展质量

期货市场发展质量主要涉及品种覆盖率、交易活跃程度与影响力两方面。

从品种覆盖率来看，我国商品期货品种体系日臻完善，覆盖率有所提高。截至2021年10月，我国已经上市94种期货、期权产品，覆盖农产品、有色金属、钢铁、能源、化工、金融等国民经济主要领域，原油期货等9个品种实现对外开放，国际影响力逐渐增强。但是，一些与国家战略息息相关的能源类品种（电力、天然气）尚未推出，制约了期货市场服务实体功能发挥。

从品种活跃程度与影响力来看，已上市品种可分为三类：

- 第一类品种指交易活跃，功能作用发挥充分，国际影响力相对较高的品种。例如铜、大豆、豆油、豆粕、菜籽粕、棕榈油等品种。

- 第二类指由我国创新或具有中国特色的交易品种。这些品种交易相对活跃，功能作用发挥得较好，甚至有些已经具备国际或区域贸易定价能力。这类品种主要是黑色品种和能源化工品种，具体包括螺纹钢、甲醇、铁矿石、PTA、石油沥青、玉米淀粉、焦煤、焦炭、动力煤等品种。

- 第三类指交易极不活跃的“僵尸”品种，主要包括纤维板、锰硅、油菜籽、硅铁、黄大豆二号、燃料油、早籼稻、普麦、晚籼稻、线材、粳稻等期货品种。

3.1.3 期货市场创新发展

我国期货市场进入规范发展阶段后，期货市场发展过程中加大创新力度。主要创新有三方面。

（1）监管创新

在充分吸收国外监管经验的基础上，中国证监会、中国证监会派出机构、交易所、中国期货保证金监控中心和中国期货业协会

“五位一体”，构建起包括信息交换、风险预警、共同风控和联合调查等在内的统一协作监管体系和跨市场联合监管机制。其中，中国期货保证金监控中心作为国内特有体制创新，对全市场保证金实行盘后“T+1”监管模式，发现并报告期货保证金风险状况，可以更好地保护期货投资者的资金安全，达到近乎“零风险”的目标。

（2）规则创新

为进一步控制风险，我国在期货市场的规则也不断创新。例如中国期货保证金监控中心采取的一户一码制度和保证金封闭运行制度极大限度地保证了其对期货保证金的监控。同时，交易所采取的梯度限仓、强行平仓和投资者适当性制度等也保障了期货市场的稳定运行。以一户一码为例，在“五位一体”监管体系下，能够避免混码交易和某些市场参与者违规交易，提升期货市场监管和风险管理水平。此外，中国证监会对期货公司实行分类监管与综合测评，进一步地深化了期货公司的中介职能定位，全面提升了其服务国民经济的能力。

（3）品种创新

根据我国经济发展的需要，国内上市了一系列本国特有的期货产品。例如部分黑色系品种（螺纹钢、热轧卷板、铁矿石等）、能源化工［精对苯二甲酸（PTA）、石油沥青、玻璃等］品种均属于创新之列。这些品种上市后不断发展，市场参与度不断加深，有些已经具备一定的国际贸易定价功能。

3.1.4　风险管理现状

在期货市场的试点时期，出现过一系列的风险事件，例如苏州红小豆事件、上海胶合板事件和大连玉米暴涨事件等。深入剖析这些事件背后的原因发现，主要是交易交割制度不完善，部分投资者利用制度漏洞牟取暴利。自2000年之后，我国期货市场进入规范发展阶段，对交易、交割规则进行了系统性的修改。中国期货保证金监控中心成立后采用“一户一码”、保证金封闭运行制度，同时对期货公司采取分类监管与综合测评监管模式。至此，产生这些风险事件的根源已不复存在。即使是在2008年金融危机价格大幅波动期间，中国期货市场也并未发生大的风险事件。可以说目前中国期货市场在全球范围内是监管最严格最规范的。

3.2 我国期货市场功能发挥分析

期货市场服务实体经济的功能主要有四方面：

第一，贸易定价功能；

第二，形成时间序列价格合理配置资源的功能；

第三，为企业提供有效的风险管理的功能；

第四，促进企业可持续发展和提升企业竞争力的功能。

3.2.1 期货市场的贸易定价功能

对大多数企业来说，期货市场是现货贸易重要的定价基准。基于期货价格的“点价贸易”、基差交易和内外盘套保已经成为大宗商品常用的贸易和套保方式。期货市场贸易定价功能的发挥有赖于用于点价或计算基差的期货价格公允、合理，能够准确反映市场供求状况并为交易双方所认可。因此，常用作贸易定价的期货品种往往产业链长、市场流动性好，内外盘套保也需要相关品种具有一定的内外联动性。例如，从事豆粕、铜贸易的产业上下游客户大多已经摒弃之前的一口价定价或合约定价，转而通过点价将交易成本锚定在事先确定的范围内，从而大大提升了交易效率。

3.2.2　期货市场的资源配置功能

期货市场能够通过集中、公开、透明的交易机制提供连续不断的报价，其发现并形成的远期时间序列价格为实体经济进行生产经营以及投资决策提供价格信号的功能比较明显。例如，农业生产者可以根据不同农产品的比价关系，预估未来一段时间市场的供求关系，以期灵活调整农产品种植面积和种植结构。此外，远期价格信号能够引导农产品生产者将资源投入更具经济效益的产品，从而优化产品结构，提升企业利润。铜、铝、铅、锌、镍、锡和黄金、白银等期货品种的上市，为产业链客户提供了较为完整的有色金属贵金属产品系列。

3.2.3　期货市场风险管理功能

企业可以利用期货市场进行套期保值，即通过选取合适的期货合约和交易策略，利用期货市场价格盈亏对冲掉现货价格波动所带来的风险，同时锁定现货成本和利润。连续和一定规模的套期保值能够保证企业获取持续和稳定的收益，从而强化其风险管理的能力。

3.2.4　期货市场提升企业竞争力的功能

当产业链上下游客户普遍参与期货市场进行套期保值，整个行业的风险管理能力将会大大提升，行业竞争力也将不断增强。目前，铜、螺纹钢、铁矿石、豆粕等成熟品种所在的整个产业链都已经积极主动地运用期货市场进行风险管理，实现了企业的持续稳定有效益的发展，从而达到了“一个成功的品种做强一个产业”的目标。此外，研究表明，期货市场的价格信号系统可以作为国家宏观经济决策的先行指标和预警信号。例如，南华农产品期货价格指数（NFI）和消费者价格指数（CPI）具有很强的相关性（0.56），NFI能够领先CPI指数4个月至5个月，具有明显的先行引导作用。

3.3 我国期货市场功能发挥短板

3.3.1 期货市场服务实体经济存在的问题

国内大宗商品电子交易市场如火如荼，境内企业大量资金参与境外市场反映出期货市场服务实体经济存在短板。

第一，我国大宗商品电子交易市场如火如荼。据中国大宗商品信息中心统计，截至2020年，我国大宗商品电子交易市场已超过2 400多家，交易品种数百个，实物交易规模超过30万亿元。在全球大宗商品进入买方市场的背景之下，其现货交易方式和组织形式也有升级换代的需要，大宗商品电子交易市场的发展反映出期货市场产业客户不够、贸易定价功能不足等服务短板，迫切需要实现期货与现货对接、场内与场外对接，以增强服务实体经济能力。

第二，境内企业大量资金参与境外期货市场。我国境外套保企业将大量资金用于境外参与套期保值，只有少量资金在国内参与国内期货市场市场。一方面是因为国内品种结构、交易方式相对单一，不利于企业立体化风险管理体系建立；另一方面，我国期货市场规模不够，深度不足，无法承接大型企业参与期货市场。

3.3.2 期货市场功能发挥存在短板的主要原因

通过境内外对比，我们发现期货市场功能发挥存在短板的主要原因有三：

第一，产业客户参与度不高；

第二，近月合约不活跃；

第三，品种结构和交易方式单一。

（1）产业客户参与度还有待提高，市场功能发挥相对有限

截至2021年第三季度，我国4 500多家A股上市公司中有超过900家参与期货套期保值，创历史新高，但是套保比例远不及欧美市场上市公司的40%~70%。其中，产业客户尤其是国有企业参与期货市场程度还有待提高。

第一，体制机制限制产业客户参与期货市场。国有企业现行的考核机制在很大程度上限制了企业参与套期保值的可能性。套保应当是期现货市场一方盈利弥补另一方亏损，而现实中常以在期货市场套保盈利或亏损作为套保成功与否的评判标准。对国有企业而言，若参与套保出现亏损时，会被追责；若不参与套保，即使出现亏损，其责任可归咎于市场变化。在考核体系下，国有企业缺乏参与积极性。

第二，套保理念影响产业客户参与期货市场。许多国有企业高层对价格波动风险、套期保值作用的认知不够，尤其受到过去套保失败案例的影响，相关部门领导对于套期保值讳莫如深，更多倾向于认为期货是投机工具、具有高风险性。这一偏见直接影响着产业客户参与期货市场。

第三，人才缺失制约产业客户参与期货市场。期货对相关从业人员要求较高，而国内缺乏“既懂期货又懂现货，既懂商品又懂金融，既懂场内又懂场外，既懂境内又懂境外”的复合型人才，这直接制约着产业客户参与期货市场。

第四，深度不够阻碍产业客户参与期货市场。产业客户尤其是大型的产业客户（如中粮等）参与套保对市场深度有一定要求，即具有一定规模的流动性，否则会造成市场秩序紊乱。然而，我国期货市场规模不足，单个品种的深度尚无法承载较大型的产业客户，阻碍产业客户参与进程。

（2）近月合约不活跃，定价功能难以发挥

严格的风险管理制度致使期货市场近月合约不活跃。我国期货市场将管理市场风险放在监管工作的首位，因此，交易所为降低市场风险设置了多种措施来限制交割。梯度保证金制度、限仓制度等制度使投资者倾向于中远期合约，进而造成近月合约交投不活跃。近月合约不活跃造成期货市场市场定价功能难以发挥。我国期货市场不仅近月不活跃，而且诸多品种只有1月、5月、9月这三个月的合约活跃，其他月份不活跃。这导致产业客户无法在近月找到合适的合约来对冲风险，只能寻找中远期替代合约。这与现货商的生产周期相脱节，严重抑制产业客户参与的积极性。

（3）品种结构和交易方式单一，市场服务功能有待提高

我国期货市场品种结构和交易方式较为单一。一方面，缺少关键性品种（电力、天然气），品种结构相对单一；另一方面，商品期权品种还有待丰富。美国则拥有丰富的场外衍生品，仅芝加哥商品交易所（Chicago Mercantile Exchange，CME）ClearPort就为1 500多个品种进行结算。场内期货是场外衍生品的基础，品种结构和交易方式单一使期货市场用于服务实体经济的工具明显不足，无法满足企业多样化、个性化需求，造成这一现象的根源是体制问题。期货品种的审批制弱化了交易创新主体的地位，直接阻碍了期货市场的品种创新。因此，适时将创新端口下移，将品种、交易方式创新权利归还给交易所，才能激发交易所的创新活力，增强期货市场服务功能。

3.4　从风险事件看期货市场对产业的影响

进入21世纪，全球性金融危机爆发、大宗商品价格剧烈波动，风险事件频发。随着我国期货市场的逐渐发展，国内部分企业逐步认识到期货市场风险管理的重要作用，开始利用期货工具进行风险对冲，以实现稳定经营。本章重点对企业参与期货市场管理风险进行了对比分析和研究

3.4.1　从两次大豆风波看农产品加工工业变化

2004~2008年期间发生了两次“大豆风波”，是否积极参与期货市场是导致两次大豆风波结果不同的重要原因。相比于第一次大豆风波，第二次大豆风波对大豆压榨企业影响不大，主要是大豆压榨企业套期保值日益成熟，能够熟练运用期货市场指导实际生产经营的成果。

（1）2004年“大豆风波”未使用期货工具致企业损失惨重

2004年国内发生“大豆风波”事件。自2003年8月起，美国农业部（USDA）不断调低全球大豆产量，同期国内大豆需求旺盛，推动芝加哥期货交易所（Chicago Board of Trade，CBOT）大豆

价格一路上涨，中国企业不得不在高位进行采购。然而到了2004年5月，因为美洲大豆并未减产，中国大豆却因禽流感后遗症而需求不振，芝加哥期货交易所大豆价格暴跌，中国大豆压榨企业只能接受高于市场平均水平的进口价格，高企的大豆进口成本使中国大豆压榨企业无力支付货款，大多数企业出现巨额亏损并一度陷入危机，这便是第一次"大豆风波"。

第一次"大豆风波"给中国大豆压榨企业造成重创，但是注重风险管理的企业受到的损失较小。2003年10月到2004年8月，芝加哥期货交易所大豆从745美分/蒲式耳跌至506美分/蒲式耳，跌幅达32.1%。导致大豆压榨企业进口一船大豆损失上亿元人民币。据估计，"大豆风波"给中国压榨行业造成至少150亿元人民币的损失，1 000多家压榨企业破产。而九三油脂、华农集团等企业，采用主动避险、稳定经营的长效机制，积极利用期货市场套期保值，提前锁定成本和利润，在大豆价格大起大落的过程中并未遭受太大损失。实际上，当年对行业影响更甚的是行业格局的调整。在价格大幅下跌中，民营企业市场份额由超过50%下降到不足10%。外资企业市场份额从35%上升到50%，外资企业一举占据了国内大豆压榨业的"半壁江山"。

（2）运用期货减少第二次大豆风波对大豆压榨行业影响

2008年第二次大豆风波造成大豆现货与期货价格快速下降。2008年上半年，原油价格在创出147美元/桶新高后跌落，此前价格持续攀升的美国CBOT大豆期货合约，从7月初的1 636.6美分/蒲式耳最低跌至12月初的776.2美分/蒲式耳，跌幅达52.6%。受美盘价格影响，7月至12月初，国内大豆期货价由5 241元/吨跌至

2 852元/吨，下跌2 389元/吨，跌幅达45.6%。在国内现货市场，大豆进口成本价从7月的5 950元/吨大跌至10月的3 080元/吨，下跌2 870元/吨，跌幅达48%。第二次“大豆风波”期间，企业由于注重套期保值减少了价格波动带来的冲击。2008年9月至10月中旬的45天成为历史上油脂油料价格跌幅最大的一个时期，这期间大豆、豆粕和豆油现货价格跌幅分别达到37.5%、34.38%和61.88%。据业内人士估算，第二次大豆风波导致的大豆压榨行业的损失实际未超过14亿元人民币，远低于2004年国内大豆压榨业损失。从地区和企业类别看，此次价格大幅波动淘汰掉一些小企业，对外资企业和中粮等大型企业集团的冲击较小，价格波动对整个油脂行业发展的影响程度有限。仅2008年10月，参与期货避险的前20家大豆经营企业，其期货市场的盈利达到了10.41亿元，有效避免了现货经营损失。2008年，中粮集团利用期货价格趋势调整经营并参与套期保值交易，避免了因现货价格波动导致的20多亿元损失。

3.4.2　从工业品超级牛市到价格低迷看企业套保情况

2005年以来，工业品经历了长期牛市到熊市的转变。工业品价格的暴涨暴跌直接影响企业利润。但是，在工业品尤其是有色行业中，以西部矿业、江西铜业、特变电工为代表的现货企业积极利用期货市场规避价格波动风险，稳定了企业利润，而未进行套保的企业经营业绩波动幅度较大。

（1）套期保值促进有色金属企业可持续经营

套期保值对企业经营主要有两方面影响：一方面，企业能够锁定合理利润，减少原材料价格波动对净利润的冲击；另一方面，参与套期保值的企业对价格信息的变动更为敏感，能够更好地根据价格信息安排生产经营。2005年以来，尽管有色金属价格曾经暴涨暴跌，但西部矿业、江西铜业、特变电工等企业坚定执行套期保值策略，规避了价格波动风险，实现稳定收益。受金融危机影响，西部矿业和江西铜业净利润出现回调，但2010年迅速恢复。其中，特变电工则通过成功地套期保值实现净利润持续稳定增长（如图3-1）。西部矿业在2008年金融危机时成功运用套期保值策略减少了损失，公司套期保值的收益达到了5亿元。

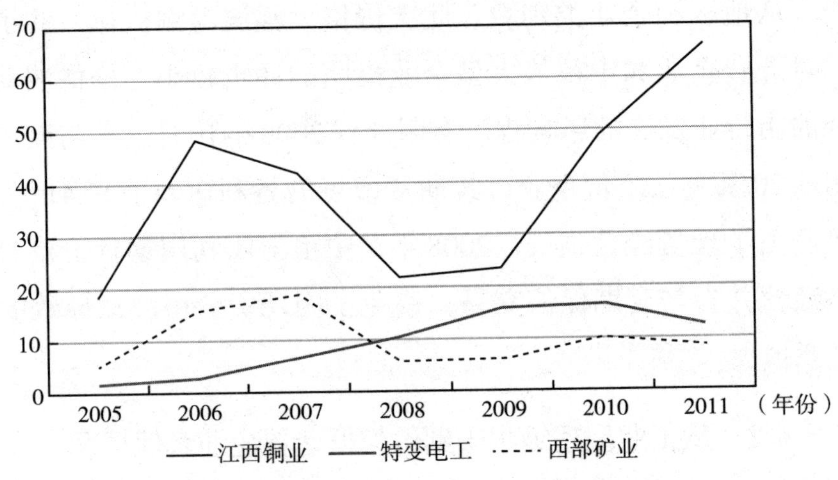

图3-1 有色行业相关企业净利润变动情况

资料来源：Wind。

（2）未套保企业业绩波动较大

有色行业较早参与期货市场，有效应对了有色金属暴涨暴跌的冲击，实现了持续稳定的经营。而情况类似的煤炭产业，由于缺乏有效的风险对冲工具，在面对煤炭价格暴涨暴跌之际，许多企业蒙受较大损失。例如山西焦化、美锦能源由于缺乏风险管理工具，在金融危机期间被迫承受煤炭价格下跌风险，造成巨额经济损失。由于缺乏避险工具，山西焦化在2008~2009两年亏损9.7亿元，而美锦能源净利润在2009年骤降，净利润增长率为−105.6%（见图3–2）。与煤炭行业净利润由正直接转负相比，进行套保的有色企业净利润虽有一定回撤，但是整体净利润仍然为正。因此，套期保值有利于平滑净利润波动，进而助力企业实现稳定经营。

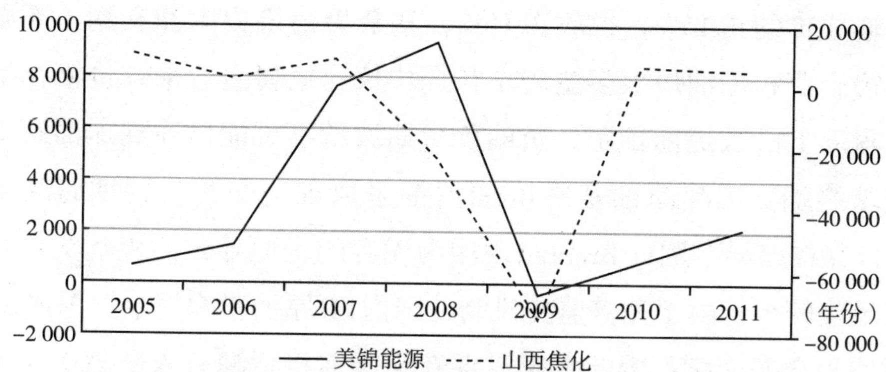

图3–2　2005~2011年美锦能源与山西焦化净利润波动图

资料来源：Wind。

3.4.3　国内期货监控机制有效抵御了WTI负油价冲击

期货交割机制与投机行为共同作用导致美国西德克萨斯轻质中间基原油［West Texas Intermediate（Crude Oil），WTI］负油价现象。2020年4月20日，WTI原油5月合约收−37.63美元/桶，出现历史上首次负油价。WTI交割方式为管道交割，买家需要在交割前锁定库容，而当前原油市场库存高企。美国能源信息署（Energy Information Adminstration，EIA）数据显示，Cushing地区库容使用率超过70%，库容稀缺将限制买家接货能力。对于原油贸易而言，现货企业被要求必须拥有石油储运设施的所有权或长期使用权，这些设施包括输油管道、油库、油轮等。当周，WTI原油5月合约持仓量高达10万手，到期日为2020年4月21日，大量投机者由于缺乏交割资格在到期日的前一交易日大量平仓期货合约而出现了“空逼多”的踩踏现象，直接导致负价格。

负油价短期波动对中国行业影响较小。从国际市场看，美国成品油价格构成中原油采购成本约占40%，炼油成本约占15%，运输成本约占15%，税收占15%，其余为销售成本和利润。下游销售企业和炼油厂大多签署了长期协议，销售企业采购价格在很大程度上已被提前锁定，负油价短期波动不可能传递到加油站等需求终端。国际原油基准Brent原油采取现金交割且到期时间与WTI存在差异，因此Brent出现因为库容问题而导致的极端交割行情风险较小。由于完善监控机制，国内SC原油影响较小。国内SC原油为仓库交割，因此卖家需要在交割前将货物放入交割库注册仓单，我国上海国际能源交易中心通过上调SC原油期货仓储费和扩容交割库等措施，有效控制了期货价格波动。“空逼多”现象在美国期货市场其他大宗货物合约领域已经发生了很多次。甚至在我国也发生过，比如1995年发生的棕榈油事件，还有2012年海南中商所“F703咖啡事件”都是“空逼多”案例。但在我国监管部门的努力下，在我国期货市场近年来已经很少见，且仅在小宗货物的期货领域发生过，均没有造成太大的负面影响。

3.5 本章小结

经过多年的发展，我国期货市场规模已位居世界前列，发展质量稳步提高，上市了94个期货、期权产品，覆盖农产品、有色金属、钢铁、能源、化工、金融等国民经济主要领域，原油期货等9个品种实现对外开放，服务实体经济能力逐渐增强，主要体现在服务贸易定价、形成时间序列价格合理配置资源、为企业提供有效的风险管理、促进企业可持续发展和提升企业竞争力等四个方面的功能。但是同时，期货市场功能发挥仍然存在短板，主要是因为产业客户参与度不高、近月合约不活跃、品种结构和交易方式单一，一些与国家战略息息相关的能源类品种（电力、天然气）尚未推出，制约了期货市场服务实体功能发挥。

进入21世纪，全球性金融危机爆发、大宗商品价格剧烈波动，风险事件频发，国内期货市场服务企业风险管理的功能愈发凸显。从历次大宗商品风险事件来看，2004~2008年两次“大豆风波”和2005年以来工业品价格暴涨暴跌事件证明，使用了期货市场进行套期保值的企业影响较小，而未进行套保的企业经营业绩波动幅度较大。2020年4月20日，美国WTI原因出现历史性负油价，国内期货交易所利用仓库交割的制度优势，综合采取仓储费和扩容交割库等措施，有效控制了国际油价大幅波动向国内传导，稳定了产业发展。

第4章

我国电力市场建设现状及分析

4.1 我国电力市场建设总体进展

4.1.1 我国电力市场建设现状

我国电力市场建设以中共中央、国务院《关于进一步深化电力体制改革的若干意见》（中发〔2015〕9号文）为根本遵循，在进一步完善政企分开、厂网分开、主辅分开的基础上，按照管住中间、放开两头的体制构架，实施“三放开、一独立、三强化”。即有序放开输配以外的竞争性环节电价，有序向社会资本放开配售电业务，有序放开公益性和调节性以外的发用电计划；推进交易机构相对独立；强化政府监管、强化电力统筹规划、强化电力安全高效运行和可靠供应。

经过5年多的实践，已初步建立了“统一开放、竞争有序”的电力市场体系，搭建了电力资源在全国范围内自由流动和优化配置的市场平台，努力激发市场活力、提高市场效率、释放市场红利。“十三五”期间，国家电网公司经营区域市场交易电量达20.7万亿千瓦时，年均增长36.0%，累计降低用户用电成本2 001亿元。

从市场建设看，电力市场体系初步形成，各项市场要素已经初步具备。省间、省内中长期市场已较为完善并常态化运行，《北京电力交易中心跨区跨省电力中长期交易实施细则（暂行）》获得国家能源局批复并正式实施，全面规范了省间交易的交易品种、组织方式和工作流程。各省配合地方政府出台省内交易规则200余项，实现了省内电力交易的规范开展。现货交易取得积极进展，试点省份（山西、甘肃、浙江、四川、福建、山东）开展长周期连续试运行，不断完善相关规则及技术支持系统。

从市场运营看，各类交易规范组织，市场主体广泛参与。随着发用电计划的放开，符合准入条件的电力用户、发电企业等市场主体逐步被赋予了购（售）电选择权，市场主体的活力逐步释放。截至2020年，北京电力交易平台注册市场成员达19.8万户，是2015年底的7.2倍。其中，尤其是用电侧市场主体增长迅猛，电力用户达到16.5万家，增长了67倍；售电公司从无到有，目前已超过3 800家。

从市场成效看，市场配置资源的决定性作用逐步显现。资源配置逐步由以计划为主向市场为主转变，国家电网公司近五成的售电量不再通过计划方式安排，由市场主体通过双边协商和集中竞争等方式自主决定量价，市场化程度进一步提高。

4.1.2　电力市场建设取得的成效

（1）全国统一电力市场框架初步建立

提出了全国统一电力市场顶层设计方案，有效引领电力市场建设。“统一市场、两级运作”的格局基本建立，初步形成了包括中长期、现货、辅助服务，覆盖省间、省内的多周期、多品种的市场交易体系。

（2）市场多买多卖格局初步形成

在上一轮电力改革的基础上，中发〔2015〕9号文确立了以“管住中间，放开两头”为总体思路的新一轮电力改革。近5年来，我国持续推进发用电计划放开，推动售电侧改革，多途径培育市场主体，完善市场化交易机制。目前，北京、广东电力交易中心和32家省级电力交易中心组建，并建立了全球交易规模最大、市场运营功能最全、支持交易品种和交易规则最多、覆盖范围最广的电力交易平台，为市场运营提供了可靠支撑。发电侧、售电侧等竞争性环节逐步放开，多买多卖的竞争格局初步形成。

（3）市场机制助力清洁能源消纳水平持续提升

依托大电网、大市场挖掘清洁能源消纳空间，创新设计清洁能源打捆交易、发电权交易、富余清洁能源现货交易、配额消纳等机制，满足市场主体多样化的交易需求，通过拓展清洁能源消纳市场促进了“减弃增发”。“十三五”期间国家电网公司经营区域通过省间交易消纳清洁能源2.2万亿千瓦时，助力新能源、水电消纳率超过95%并持续提升。

（4）公开透明的市场环境健康发育

各级电力交易机构先后组建由市场主体、第三方机构代表为主构成的市场管理委员会，积极开展市场规则编制、重大事项协商等工作，委员会的协商议事作用充分发挥。推动组建全国电力交易机构联盟，全国35家电力交易机构全部成为联盟成员，促进了市场主体、研究机构、交易机构间的协同合作和信息共享。利用电力交易平台数据库资源，构建电力市场信用评价体系，配合政府主管部门做好守信激励和失信惩戒工作。建立健全市场交易风险识别和防控机制，常态化开展市场交易风险评估应对，强化风控工作的监督评价。

4.2　省级电力现货市场建设情况分析

4.2.1　省级电力现货市场建设运行最新进展

◎ 山西：2018年12月启动模拟试运行，已经开展模拟推演、调电试运行、结算试运行三个阶段工作，2019年完成按日结算试运行（9月1日）、首次连续7天结算试运行（9月18~24日）、第二次连续7天结算试运行（12月7~13日），2020年5月10~24日完成连续两周结算试运行，2020年8月完成整月结算试运行，2020年11~12月开展连续两个月的结算试运行。2021年4月起开展结算试运行，视试运行情况开展后续月份结算试运行。

◎ 浙江：2019年5月30日启动模拟试运行，9月20~26日开展第一次连续7天结算试运行，2020年5月12~18日进行第二次结算试运行，2020年7月1日~2020年7月31日进行第三次结算试运行。2021年3月起开展结算试运行，视试运行情况开展后续月份结算试运行。

◎ 山东：2019年7月启动模拟试运行，9月完成两次单日调电不结算试运行和第一次按周结算试运行，12月9日至15日完成第二次按周结算试运行，2020年5月16~19日进行了第三次结算试运行，2020年11月开展整月结算试运行。

➋ 福建：2019年6月21日启动模拟试运行，2019年9月21~27日开展首次连续7天结算试运行，2020年4月8~21日开展连续14天结算试运行，2020年6月10日~7月10日开展整月结算试运行，自2020年8月18日至今开展不间断连续结算试运行。

➋ 四川：2019年6月20日启动模拟试运行，2019年9月26日~30日开展连续结算试运行，10月29~30日连续两天进行第二次模拟结算试运行，2020年4月16日至5月25日完成为期40天的火电竞价长周期调电试运行，2020年9月26日至2020年10月25日开展第一次水电竞价长周期结算试运行。2021年3月26日起开展火电竞价长周期结算试运行。

➋ 甘肃：2018年12月28日启动模拟试运行，2019年9月20~26日首次进行结算试运行，11月16~22日进行第二次连续7天结算试运行，2020年3月19日~4月30日开展第三次长周期连续结算试运行，2020年8月1日~12月31日开展第四次长周期连续结算试运行。2021年5月起开展双边现货市场试运行。

➋ 广东：2018年8月启动模拟试运行。为推进南方（以广东起步）电力现货市场稳妥有序开展，引导市场主体积极参与现货试运行，为下一阶段进入正式长期结算运行做好准备，广东电力现货市场于2019年5月15日、16日两天开展按日结算试运行，6月20~23日进行第二次按日结算试运行，10月开展按周结算试运行。2020年8月开展整月结算试运行。2021年5月起开展结算试运行，视试运行情况再开展后续月份结算试运行。

➋ 蒙西：2019年6月26日启动模拟试运行，2019年9月21~27日进行为期一周的结算试运行，2020年6月17~23日，进行电力现

货市场第二次连续结算试运行，2020年8月11~24日开展两周结算试运行，2020年9月开展整月结算试运行。

4.2.2　省级电力现货市场模式分析

从市场构成与模式来看，8个试点地区均设置了日前市场、实时市场，由调度机构负责组织实施。

从发电侧市场主体来看，山西、甘肃、蒙西燃煤机组、新能源参与市场；广东燃煤、燃气机组参与市场；福建、山东仅燃煤机组参与市场；浙江燃煤、燃气机组报量报价参与市场，水电、核电作为固定出力（价格接受者）参与市场；四川枯水期火电参与市场、丰水期水电参与市场。

从新能源参与市场方式来看，山西新能源机组报量不报价参与市场，甘肃、蒙西新能源机组以报量报价方式参与市场；山东、浙江①、福建、四川、广东新能源机组不参与电力市场。

从用户侧参与市场方式来看，山西、山东、广东用户侧主体报量不报价方式参与现货市场申报、结算，不参与出清；四川用户侧丰水期报量不报价参与现货市场、枯水期用户侧不直接参与市场竞争，仅部分电量按照火电月平均购电价格进行结算；甘肃②、浙江、福建、蒙西用户侧主体暂未参与现货市场申报、结算。

从现货市场价格机制来看，山西、山东、浙江、广东采用“发电侧节点电价+用户侧节点加权平均电价”模式，甘肃采用分区电价模式，四川、福建、蒙西采用系统边际电价模式。

从中长期交易与现货交易衔接关系来看，山西、山东、浙江、

① 2021年3月结算试运行期间，可再生能源开始以模拟报价的形式参与现货市场，并事后根据实发电量分配90%政府授权合约。

② 2021年5月起开始双边现货市场试运行。

甘肃、广东、四川丰水期市场化中长期合同采用了差价合约方式；福建、四川枯水期采用实物合约，中长期合同优先安排、滚动执行。①

从省间市场与省内市场衔接关系来看，在中长期市场，以外送中长期交易结果作为边界开展省内中长期交易，保障联络线交易曲线的物理执行；在现货市场，首先参与省间日前现货交易（送端省省内日前现货市场预出清，确定省内机组开机方式和发电预计划，参与省间日前现货交易），省间现货出清结果作为省内的边界再开展省内现货交易。

从能量市场与辅助服务市场衔接关系来看，山西结算试运行期间将以现货市场取代省内深度调峰市场，调频市场在现货市场机组组合确定后独立开展；山东、广东结算试运行期间仅开展调频辅助服务交易，与现货市场分开运行、协调出清；浙江开展调频、备用辅助服务市场，与现货市场协调出清；福建实时平衡市场中，火电机组申报上下调节报价，下调节报价沿用调峰辅助服务市场报价；四川结算试运行期间未运行调频辅助服务市场；甘肃区域调峰市场优先出清，作为省内市场边界，深度调峰、调频市场与电能量市场分别优化，独立出清。

4.3　电力市场建设关键问题分析

4.3.1　顶层设计方面

市场建设缺乏顶层设计和统筹协调，缺少具有操作性的实施

① 四川丰水期省内中长期交易以“差价合约”形式参与现货市场运营，枯水期省内中长期交易以“物理执行”为现货市场边界条件。

路径。各省市场建设往往立足本省，未充分考虑省间、省内市场的衔接，难以实现全国范围内的资源优化配置。各省方案之间设计思路、市场模式、交易品种差异较大，大部分缺少对中长期、现货、辅助服务、容量等不同市场形态的统筹规划。

4.3.2　市场结构方面

计划与市场“双轨制”矛盾日益凸显，计划电量放开、政策性交叉补贴等问题已严重影响市场发展。一是优发优购与市场的矛盾。优先发电与优先购电政策保障的出发点不同，其规模上存在不匹配的情况客观实际。当前市场化交易比例不断提高，保民生用电、保安全供应、促清洁能源消纳的优先发电优先购电仍将长期并存，部分电量市场竞争的实际与全电量保障电网运行的需求之间未有效衔接，电网计划和方式安排将面临挑战，现货试点出现的不平衡资金过大、市场价格信号扭曲等问题，也反映出当前电力市场模式与客观实际存在一定程度的不适配现象。由于非市场用户执行政府定价购电，在全电量优化的现货市场模式中将会与市场出清价格存在差额，可能产生较大金额的不平衡费用。二是在全电量优化的现货市场模式中，仅能对部分电量进行优化，出清价格未能真实反映系统边际成本，模式与客观实际不符，失去了价格现货意义。

4.3.3　价格机制方面

一方面，“顺价”模式与目录峰谷电价的不兼容性，在国内现有的电价体系下，售电市场如果采用“顺价”模式，会导致大量低谷电量难以入市，低目录价的低谷电由电网公司供电，从而使市场产生亏空。另一方面，发、用、输三方市场价格形成机制不完善，搁浅成本、用电成本及交叉补贴来源等价格要素缺乏统筹。

4.3.4 交易机制方面

中长期市场基于电网安全约束的交易机制尚未形成，安全校核效率、合同执行率还难以满足市场主体交易需要，中长期与现货市场衔接方式也亟须解决；已开展的类金融交易如合同转让、置换、回购等均与电网运行紧密联系，并非传统意义上的标准合约，存在结算流程复杂、省间输电价难以界定收取方式等问题。

4.3.5 市场运行方面

一是电力市场开放性不足，储能、需求侧资源等新兴市场主体入市仍然较为困难，缺少灵活的交易和价格机制；试点省现货市场建设推进过程中暴露出市场设计复杂、中长期交易曲线分解不明确、不平衡资金亏空等问题。二是我国已作出了碳达峰、碳中和的庄严承诺，并提出2030年风电、太阳能装机将达到12亿千瓦以上、非化石能源占一次能源比重达到25%左右（2020年非化石能源发电占总电量的30%左右）。为适应迅猛发展的新能源间歇性特征，电力市场需要向更精细的时间维度和更精确的空间颗粒度发展，市场建设初期，实现有较大困难。保障性消纳政策与市场机制缺乏有效衔接，保障性收购电量与市场交易电量边界不清晰，新能源在市场中的责任和权利尚未清楚界定，难以公平参与市场。当前电力市场设计适合以传统能源为主的电力系统，新能源占比大幅提高后，电力市场低边际成本和高系统成本的现象同时并存，灵活性调节资源价值凸显，增加了市场设计的难度。电网运行、市场运营都面临新的挑战，迫切需要我们进一步创新市场机制，确保清洁能源有效消纳，促进行业健康发展。

4.3.6　市场监管方面

电力市场环境尚未成熟，市场、法律信用体系尚不健全，应进一步完善电力监管组织体系，创新监管措施和手段，加强和完善行业协会自律、协调、监督、服务的功能；部分地区发电市场的集中程度较高，需要防范市场力风险，构建稳定透明的竞争型市场。

4.4　本章小结

中发〔2015〕9号文的印发标志着新一轮电力体制改革启动，明确提出了我国深化电力体制改革的目标和任务。我国电力市场建设从我国国情、网情和电力行业实际出发，以发挥市场在资源配置中的决定性作用为核心，以保障电力系统安全、促进电力工业科学发展为前提，以建立“统一开放、竞争有序”的电力市场体系为目标，以搭建电力资源在全国范围内自由流动和优化配置的市场平台为抓手，努力激发市场活力、提高市场效率、释放市场红利。

经过5年多的建设和发展，我国电力市场发展取得了明显进展。从市场建设看，各项市场要素已经初步具备，基于电量的中长期电力交易已实现常态运营，现货交易试点工作取得突破，电力市场体系初步形成；从市场运营看，各类交易规范组织，市场主体广泛参与，市场活力有明显提升；从市场成效看，资源配置逐步由以计划为主向市场为主转变，国家电网经营区域内近五成的售电量不再通过计划方式安排，由市场主体通过双边协商和集中竞争等方式自主决定量价，市场化程度进一步提高。

虽然我国电力市场建设已驶入快车道，包含中长期、现货交易的全市场体系架构已初步成型，中长期市场实现常态化运营，试点省现货市场试运行总体稳定有序，然而在建设推进过程中依然面临诸多挑战。一是市场建设缺乏顶层设计和统筹协调，缺少具有操作性的实施路径。二是计划与市场“双轨制”矛盾日益凸显，计划电量放开、政策性交叉补贴等问题已严重影响市场发展。三是“顺价”模式与目录峰谷电价的不兼容性，“发”“用”“输”三方市场价格形成机制不完善，价格要素缺乏统筹。四是中长期与现货交易衔接机制仍需研究。五是电力市场开放性不足，储能、需求侧资源等新兴市场主体入市面临困难。六是电力市场环境尚未成熟，市场、法律信用体系尚不健全，需进一步完善电力监管组织体系。

我国电力市场建设进入深水区，仍处于攻坚阶段，需要与市场基础条件和内外部环境相适应，在完善全国统一电力市场建设实施路径的基础上，尽量解决计划与市场在“发”“用”两侧的电力电量匹配，较少双轨制不平衡资金规模，在保证电网安全运行前提下，做好省间与省内市场、中长期与现货交易、新能源与市场、批发与零售市场的统筹衔接，在保障市场有序运营、提升系统效率的同时，落实国家各项政策目标。

第 5 章

电力市场与期货市场的基本概念比较

5.1 电力市场的基本概念：中长期交易和现货交易

我国电力市场是由多级市场组成的交易体系，包括中长期交易、现货交易。

5.1.1 中长期交易（年度、月度、月内等）

2020年6月，国家发展和改革委员会、国家能源局联合印发了新版《电力中长期交易基本规则》，修订完善了电力中长期交易品种、周期、价格机制、组织流程、计量结算及合同电量偏差处理等内容，进一步提高了电力中长期交易的规范性与操作性。电力中长期交易的市场成员包括各类发电企业、售电企业、电网企业、电力用户、电力交易机构、电力调度机构等。

中长期交易是电能量交易重要组成部分。开展中长期交易不仅能够有效避免发电商利用其市场力操纵电价，且有利于现货市场的发展。中长期交易由于其签订时间较长，可以反映电能的中长期供需关系，提供长期经济信号。用户只有在中长期交易中对价格波动作出反映，才能在现货交易中使用户需求即为刚性需求。电力中长期交易现阶段主要开展电能量交易，灵活开展发电权交易、合同转让交易，根据市场发展需要开展输电权、容量等交易。中长期交易的交易量一般占到电力市场总交易量的70%以上。

根据交易标的物执行周期不同，中长期电能量交易包括年度（多年）电量交易（以某个或多个年度的电量作为交易标的物，并分解到月）、月度电量交易（以某个月度的电量作为交易标的物）、月内（多日）电量交易（以月内剩余天数的电量或特定天数的电量作为交易标的物）等针对不同交割周期的电量交易。

电力中长期交易可以采取双边协商、集中交易（集中竞价、滚动撮合、挂牌）两种方式进行。

双边协商交易指市场主体之间自主协商交易电量（电力）、电价，形成双边协商交易初步意向后，经安全校核和相关方确认后形成交易结果。双边协商交易应当作为主要的交易方式。

集中竞价交易指设置交易报价提交截止时间，电力交易平台汇总市场主体提交的交易申报信息，按市场规则进行统一的市场出清，发布市场出清结果。

滚动撮合交易是指在规定的交易起止时间内，市场主体可以随时提交购电或售电信息，电力交易平台按时间优先、价格优先的原则进行滚动撮合成交。

挂牌交易指市场主体通过电力交易平台，将需求电量或可供电量的数量和价格等信息对外发布要约，由符合资格要求的另一方提出接受该要约的申请。

5.1.2　现货交易（日前、日内和实时）

现货交易作为电力市场体系结构的重要部分，包含日前交易、日内交易和实时交易。现货交易对于电力市场的有序运行、开放和竞争都起到了至关重要的作用，同时也是系统安全运行与市场交易稳定进行的关键环节。

日前市场是指在计划编制工作日，由电力调度机构组织次日96个时段（00:00~24:00，每15分钟为一个交易时段）电能量交易的市场。电力调度机构综合考虑发电侧电力报价曲线、用户侧电力需求价格曲线、非市场用户负荷预测、外送受电曲线、发电机组检修计划、输变电设备检修计划、发电机组运行约束条件、电网安全运行约束条件等因素，以社会福利最大为优化目标，采用安全约束机组组合（SCUC）、安全约束经济调度（SCED）算法进行集中优化计算，出清得到运行日的机组开机组合以及分时发电出力曲线、用户侧分时分节点的中标用电曲线、分时节点电价。

日内现货市场是指在日前电能量现货交易基础上，依据电网负荷超短期预测、新能源超短期预测、外送电计划临时调整情况等信息，以社会福利最大化为目标，组织开展的电能量现货交易市场。

实时平衡市场是指为解决负荷预测偏差、水情和风情发生变化、电网安全约束要求，以及发生异常、事故情况等造成的系统平衡问题，在运行日的T时刻，以系统平衡资源作为实时平衡机制交易标的，滚动开展交易。

5.2 电力期货市场优势

5.2.1 国外电力期货市场被引入的原因

20世纪末，美国、北欧、英国、澳大利亚等陆续开始电力市场化改革。改革过程中，首先形成的是电力现货市场，和垄断市场相比，现货市场的参与透明度以及竞争程度显著提升。但现货市场也存在明显缺陷，即在用电高峰期和低谷期电价波动剧烈，在一定程度上加剧了发电企业、销售企业以及消费者的风险，电力市场的供需出现错位。

为克服电力现货市场各类参与者面临的价格风险，电力中长期合约开始被引入市场。中长期合约通过以约定价格来虚拟存储电力，使各参与方提前锁定了价格风险，未来的供应得到了保障，现货市场的价格波动也在一定程度上有所减小。虽然中长期合约克服了电力现货市场的部分缺点，但仍存在诸多问题。如交易合约的非标准化降低了其流动性，由于发用两侧的偏差结算规则差异，导致出现市场差额资金。此外，在双边协商交易时，发电企业与售电公司或电力用户需要花费大量时间了解彼此背景及相关信息，产生较高的交易成本。

为解决电力中长期合约存在的问题，电力期货逐步被引入电力市场，电力期货合约以其规范性和标准化的特点，克服了电力中长期合约的缺陷。在电力期货模式下，市场的参与主体呈现出多元化和分散化特点，削弱了发电商对于电力市场的控制力，增加了电力市场的流动性，使市场信息变得更为透明，交易者的违约行为也大幅减少。用户通过组合购电，降低了购电交易风险，节约了购电成本。

5.2.2　电力期货市场的特点和优势

一是市场参与成员更为广泛，在一定程度上可以削弱市场力。境外中长期市场的参与主体以本区域内的发电、用户、电网公司等电力行业实体机构，以及银行等金融机构为主，成员多为专业人士且较为固定。而期货市场除了本区域内的电力企业之外，其他地区的相关产业的实体和金融机构，以及个人投资者都可以参与。并且，因为钱永远比货多，中长期市场存在的发电商市场力过大的问题，在期货市场可以被削弱。

二是流动性和定价效率更高，参与者可以随时进出。相比一对一的场外协商的定价方式，期货市场是多对多的交易，流动性和定价方式效率更高。并且，由于流动性高，参与者很容易在期货市场找到对手方，随时进出。

5.3　电力期货市场与中长期合约市场的异同

5.3.1　期货市场和中长期合约市场功能重叠部分

从期货和中长期合约的定义来看，两者都是指将来某一指定时刻以约定价格买入或卖出某一产品的合约，因此两个市场存在一定的共性。与中长期合约不同的是，期货合约交易是在交易所进行的，一方面为了能够进行交易，交易所对期货合约做了一些标准化规定；另一方面，期货合约的交易双方并不一定知道交易对手，交易所设定了一套机制以保证交易双方会履行合约承诺。

（1）避险功能（套期保值）

电力行业主体可以通过在期货市场或中长期市场提前锁定价

格，以规避未来电价波动的风险。

期货市场规避风险的功能也称为“套期保值”。套期保值是在期货市场和现货市场之间建立一种风险对冲机制，在期货市场上买进或卖出与现货数量相等但交易方向相反的期货合约，在未来某一时间通过卖出或买进期货合约进行对冲平仓，从而在期货市场和现货市场之间建立一种盈亏冲抵的机制，最终实现期货市场和现货市场盈亏大致相等。

中长期市场的价格仅代表了少数市场参与者的预期，所以价格所包含的信息可能不够全面，价格发现的效率较低。

（2）稳定市场供需（价格发现）

根据供求理论，发电企业决定了“供电”的大小，用户侧决定“求电”的大小，同时用户侧的负荷预测是影响发电企业发电计划的主要因素。期货和中长期市场的价格发现机制，有助于资源的合理配置，使生产经营者、投资者和金融机构根据这一价格作出合理的生产经营决策和投资决策，进而稳定市场的供需。例如，远月价格可以作为企业调节生产的依据，当发电企业看到远月价格较高时，就可以安排在中长期多发电，反之则少发电。

5.3.2 期货市场与中长期合约市场互补部分

（1）参与期货市场交易以对冲风险为目的，而中长期以交割为目的

投资者参与电力期货市场不是以发电和购电为最终目的，而是通过期货市场转移各自的风险，因此临近期货合约到期持仓量会逐步减少（交易所基于风控的要求，也会采取限仓措施）。而中长期市场的重要作用是锁定未来发用电量，到期可以进行物理交割（国内采用带曲线分解到月的方式）。

（2）期货交易的合约设计标准化程度更高

相比电力中长期市场非标准化的合同（例如国内发电和用户侧带曲线的年度、月度合同），电力期货合约还需要进一步按照用电时段进行划分后设计合同；并按照不同节点、区域的价格进行平均化处理。

（3）期货市场的信用风险较低

由于中央对手方的存在，参与期货市场不需要考虑信用风险，而中长期市场在买卖双方可能会出现违约（见图5-1）。

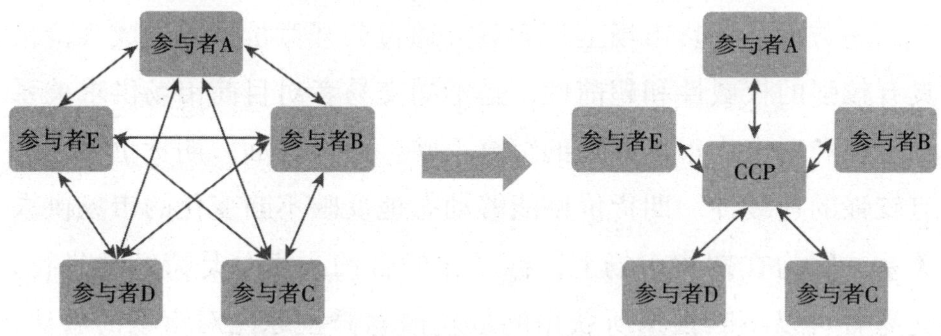

图5-1　期货市场中央对手方示意图

（4）保证金制度

由于期货市场中央对手方（Central Counter Party，CCP）的存在，依靠一系列有效的风控措施，一般期货交易保证金比例在10%以下（例如CME-PJM的N9月度合约初始保证金比例为2.5%）。而中长期市场由于存在信用风险，按照《中远期交易市场整顿规范工作指导意见》，一般保证金比例要求较高。

（5）交易方式不同

期货市场是多对多的交易，买卖双方都不需要确定对方的身份就可以进行交易，而中长期市场需要形成一对一、一对多或多对一的合同关系。

（6）结算方式不同

期货有每日无负债结算制度，中长期则是到期才结算。例如，期货和长期都上涨了100元，盘后期货的赢利就是100元，而长期的赢利是100元的贴现值。

（7）期货市场的价格发现的功能可以弥补中长期市场价格形成不连续、不充分等不足

一方面，期货市场上买卖双方通过公开竞价形成的成交价格具有较强的权威性和超前性，是不同交易者对目前市场供求关系的认识和对未来市场预期的综合反映。另一方面，期货价格还具有较强的连续性。期货价格能够动态地反映不断变化的市场供求关系。因为在期货市场上，标准化的合约买卖总是持续地进行，交易者可以不断根据所获得的最新信息修正原先对市场的看法，形成新的成交价格。

5.4 本章小结

一是我国电力市场包括中长期交易、现货交易。

二是在国外电力市场改革中，首先建立了电力现货市场，为克服电力现货市场参与者面临的价格风险，电力中长期合约被引入市场，在操作过程中，因其非标准化合约属性降低了市场流动性等问题。电力期货交易凭借其高流动性、高效率的交易特点逐步被引入市场。

三是电力期货交易与中长期合约在功能上既有重叠又有差异，未来在市场中可以互为补充。

做好电力期货市场顶层设计，加强电力市场与电力期货市场的衔接。借鉴国外电力金融市场的交易规则，结合电力期货市场的建设规划，做好市场制度的研究工作。考虑到我国电力市场从中长期交易起步，现货市场仍在试点建设之中，电力期货相关研究应随时关注现货市场建设及运营情况，结合实际，设计适应我国电力市场运行特点的期货交易产品。

第6章

我国电力市场建设已具备发展期货的基础条件

当前，我国电力中长期市场与现货市场建设正在稳步推进，有秩序、有竞争的市场格局不断成熟，一旦电力交易进入连续稳定运行后，市场主体对推出期货市场的需求将日益凸显。主要是新增套期保值规避风险和套利传导价值的需求。但从境内外期货市场发展经验，只有在相关法规政策配套、市场化改革基本完成、电力系统各个环节业务竞争足够充分、电力交易市场形成的价格信号权威公正等条件下，才能形成可供交易的期货标的。

6.1 法规和政策无障碍

建设电力期货市场的前提之一是需要一个权威公正的现货价格信号。中共中央、国务院《关于进一步深化电力体制改革的若干意见》（中发〔2015〕9号）出台以来，为进一步推进市场化改革，相继推出了一系列配套政策，有效还原了电力的商品属性。

但是相比美国、欧洲等成熟市场，还需要在减少价格干预、交易机构独立、第三方接入等相关政策等方面进一步完善。

6.1.1　全国和各省电力市场化改革方案需要基本确定

（1）国家层面的法规顶层设计

与中发〔2015〕9号文配套出台了《关于推进电力市场建设的实施意见》《关于电力交易机构组建和规范运行的实施意见》《关于推进售电侧改革的实施意见》等6个文件，对“中长期市场”和“现货市场”“分散式”和“集中式”等改革核心问题进行了明确。2017年以来，在增量配电业务改革、电价制度改革、电力市场建设、电力市场监管等四个方面，国家发展和改革委员会、国家能源局等政府部门持续颁布一系列相关制度，为推动发输配售四个环节分离，促进电力中长期和现货市场建设提供了支持。在2020年2月18日印发的《关于推进电力交易机构独立规范运行的实施意见》提出，省间电力市场（2个国家级电力交易中心负责）、区域交易机构融合，明确了下步市场顶层设计的目标和方向。

但我国现行《电力法》等相关法律法规还需根据改革需要进一步修订和完善，尤其是对电力市场、电力交易以及电网无歧视开放等关键改革问题，调度机构、交易中心的职责划分，以及售电公司等市场主体的业务范围进行明确。关于电力用户和消费者的权利，也需要在其他相关法规中作进一步的修订。

参考境外电力成熟市场的法律和法规建设，1978年美国颁布实施《公用事业监管政策法》（Public Utility Regulatory Policy Act，PURPA）对电力公司采用边际成本定价，并允许独立发电营运商

（Independent Power Producer，IPP）的热电联产机组和小容量机组（8MW以下）作为垄断电力公司发电容量的补充，引入独立发电商参与竞争。1992年由于海湾战争导致油价上升，美国国会通过《能源政策法（EPA92）》（Enery Policy Act，EPA）进一步放开了发电市场，引入所有发电机组参与发电侧竞争，授权要求电力公司开放电网。之后，1996年，美国联邦能源监管委员会颁布了著名的888号令和889号令。1996年美国NYMEX推出电力期货。

（2）各省市场改革方案确定

由于各省能源结构、机组类型的不同，需要制定符合地区实际情况的电力市场改革方案。2015年以来，以价差合约、集中竞价、挂牌交易等方式存在的中长期市场已稳定运行，市场主体已逐步接受相关规则。2017年按照《关于开展电力现货市场建设试点工作的通知》（发改办能源〔2017〕1453号）要求，南方（以广东起步）、蒙西、浙江、山西、山东、福建、四川、甘肃等8个地区作为第一批现货市场建设试点，目前已全面进入结算试运行阶段。省级市场改革的方案基本形成，中长期和现货市场的改革框架已建立。

但截至2020年11月，8个试点省份的现货规则仍未最终确定，选择集中式还是分散式、节点电价还是分区电价等市场模式问题还在讨论中，不平衡资金、阻塞盈余和跨省跨区电量分解方式等问题还在探索解决，都会在一定程度上影响电力期货的推出。因此，当前各试点省份市场在试行版规则下还需不断修改完善，其他省份的现货方案也需积极研究尽快确定，为电力期货研发提供现货基础。

6.1.2　各市场化环节的电价形成机制政策基本健全

本轮电改以“管住中间、放开两头”为基本思路，放开上网和销售电价，在上网和销售端充分引入竞争，在输配环节采用成本核算定价。市场化环节的电价主要在上网电价和用户侧批发电价，这两部分电价形成机制的相关政策需要基本健全，才能为建立电力期货市场提供市场基础。

首先，在发电侧、售电侧参与市场主体不再执行目录电价。与中发〔2015〕9号文配套出台的《关于有序放开发用电计划的实施意见》中明确：“参与市场交易的电力用户不再执行目录电价。除优先购电、优先发电对应的电量外，发电企业其他上网电量价格主要由用户、售电主体与发电企业通过自主协商、市场竞价等方式确定。电力市场体系比较健全时，全部放开上网电价和公益性电量以外的销售电价。”

其次，在输配电价环节采用成本核算、并尝试市场化定价方式。《关于推进输配电价改革的实施意见》中提出通过《输配电成本核算办法》（新版）和《输配电价定价办法》推进输配电价的改革，并可以尝试“市场化”定价方式。

6.1.3　电力交易中心的市场独立性

我国在《关于推进输配电价改革的实施意见》中提出“适时推进电网企业重组。根据业务性质适时对电网企业再重组，仅保留输配电业务直接相关部分，其他非直接相关部分应予以剥离，按性质进行事业性管理或推向市场。2018年8月28日出台的《关于推进电力交易机构规范化建设的通知》中提出“电力交易机构应体现多方代表性，非电网企业资本股比应不低于20%，鼓励按照非电网企业资本占股50%左右完善股权结构”。2020年2月18日印发的《关于推进电力交易机构独立规范运行的实施意见》又进一步明确了交易和调度的职责分工。

从国际上看，电力现货交易的独立性是作为电力期货推出的前提条件。其中，既包括交易机构的独立，还包括调度脱离电网或至少明确电网准入规则和使用条件（无歧视开放）。未来，电网公司在国家级和各省交易中心的占股将进一步下降，交易机构的独立性将进一步体现。

6.2 电力市场建设初步完成，并稳定运行

电力期货市场是一个充分开放和竞争的市场，交易涉及的参与者众多、影响面较大，因此需要建立在电力市场初步建成、价格市场化机制基本健全且能稳定运行的基础上。否则，一旦价格涉及操纵或运行突然中断，都会对期货市场造成难以挽回的局面。参考我国期货市场1993年前后早期发展的教训，市场交易的公信力一旦受到质疑，要重新建立将会十分困难。因此，市场模式确定、价格形成机制完善、信息披露和监管配套，以及各类市场主体的市场化意识等方面也是电力期货推出的前提条件。

6.2.1 价格形成机制能够真正反映市场供需

不同的边界条件选择，将直接影响最后出清价格的形成，也将需要不同的电力期货市场对冲价格波动风险。但是，目前国内的现货市场建设仍处于初期，出清价格的边界条件还在不断调整中。例如，国内8个现货市场中，浙江、广东等省的用户侧初期以“报量不报价”形式参与市场，未来市场成熟后再考虑“报量又报价”；

部分省份的容量补偿机制（非必须）、辅助服务市场是否联合出清，以及在部分高成本机组参与市场的补偿方式尚未最终确定的情况下，形成的节点电价必然会存在扭曲，无法真正反映市场的供需。

此外，省间市场作为省内出清的边界条件方面，也存在一些需要明确的细则。例如，按照全国统一电力市场建设的要求，而省间交易电量的曲线如何分解到省内各节点也是未来需要解决的问题之一。

只有电力现货市场形成的价格能真实反映市场供需变化，出清的边界条件选择已考虑到大部分影响因素，对应建立的期货市场交易标的对应的实物才能明晰，投资者也才愿意参与进来。

6.2.2　市场信息披露和监管配套制度基本完善

电力期货市场参与者交易的是对未来价格的预期，因此市场参与者需要能获取足够的基本信息，形成各自的价格判断，才会主动参与期货交易。同时，只有确保披露信息的真实性、准确性和可验证性，监管部门可以通过信息对价格进行完整复盘，才能建立市场的公信力。

随着中国电力现货市场建设的不断推进，市场交易体系和交易品种日趋复杂，对于市场操纵的监管难度也将加大。未来各类交易品种交织关联，可能会存在通过未公开信息、影响现货价格波动等方式，操纵现货市场价格实现在期货市场获利。这些操纵行为可能会扭曲市场交易结果，进而影响期货市场交易标的价格，影响电力市场改革的有效性和可持续性。

6.2.3　各类市场主体具备参与期货市场的专业能力

期货市场是专业化要求较高的市场，对市场参与者的专业要求也较高。我国电力市场正在加速培育过程中，发电企业、售电公司和用户等市场主体正不断成熟，市场化意识也有所加强，但由于长期采用发用电计划模式，市场化改革完成后对利用期货对冲风险的认识和能力还需提高。

6.3 本章小结

我国电力市场已初步具备发展期货市场的基础条件：一是政策法规方面并无障碍，且电力交易中心的市场独立性已初见成效。二是电力市场建设已初步完成并稳定运行，价格形成机制、信息披露和监管制度已基本具备。

第7章

电力交易中心开展期货交易面临的机遇和挑战

虽然我国电力市场化进程的加速为发展期货奠定了相应的市场基础，但是在现有电力交易中心平台上开展期货交易仍面临着一些困难和挑战。

7.1 电力交易中心非期货交易场所，法律上不允许开展期货交易

《期货交易管理条例》第四条规定："期货交易应当在依照本条例第六条第一款规定设立的期货交易所、国务院批准的或者国务院期货监督管理机构批准的其他期货交易场所进行。禁止在前款规定的期货交易场所之外进行期货交易。"第六条规定了期货交易所的设立原则，"设立期货交易所，由国务院期货监督管理机构审批。未经国务院批准或者国务院期货监督管理机构批准，任何单位或者个人不得设立期货交易场所或者以任何形式组织期货交

易及其相关活动”。

《国务院关于清理整顿各类交易场所 切实防范金融风险的决定》(国发〔2011〕38号)中明确提到“证券和期货交易更是具有特殊的金融属性和风险属性，直接关系到经济金融安全和社会稳定，必须在经批准的特定交易场所，遵循严格的管理制度规范进行。”“除依法经国务院或国务院期货监管机构批准设立从事期货交易的交易场所外，任何单位一律不得以集中竞价、电子撮合、匿名交易、做市商等集中交易方式进行标准化合约交易。”

最新的《期货和衍生品法》(草案)(二次审议稿)，第十条规定:“期货交易应当在依法设立的期货交易所和国务院期货监督管理机构依法批准组织开展期货交易的其他期货交易场所，采用公开的集中交易方式或者国务院期货监督管理机构批准的其他方式进行。禁止在期货交易场所之外进行期货交易”。

根据上述法律法规和国务院文件精神，电力交易中心并不是由国务院或者由国务院期货监督管理机构审批的期货交易场所，因此电力交易中心直接开展期货交易存在法律风险。

7.2 电力交易中心参与期货交易的优势

7.2.1 电力交易中心组织开展现货和中长期市场已初见成效

国网公司范围已初步建立了“统一市场，两级运作”的“国—省”电力市场交易体系。中长期电力市场已正常运行，电力现货及辅助服务市场试点建设正在推进。2019年，国网经营范围用电量5.6万亿千瓦时，同比增长3.8%。市场化交易电量2.69万亿千瓦时，同比增长28%；电力交易平台累计注册市场主体19万家。交易电量总规模持续增长，市场化交易电量增长迅速。2019年，各交易中心总交易电量累计完成46 558亿千瓦时，同比增长4.4%。其中，市场交易电量20 872亿千瓦时，同比增长27.6%，占国家电网公司经营区售电量的46.9%，同比提高8.6个百分点，其中，电力直接交易16 122亿千瓦时，同比增长30.5%，降低客户用电成本469亿元，市场改革红利持续释放。省间交易电量完成10 619亿千瓦时，同比增长8.2%。

南方区域电力市场建设稳步推进，坚持“协议+市场”模式，不断完善南方区域跨区跨省电力市场机制，积极推动区域统一电力市场建设，市场化交易电量进一步增加，清洁能源消纳成效显著。2019年，省间交易市场化交易电量326.3亿千瓦时，市场化比例14.4%。省内市场化交易电量4 229亿千瓦时，市场化占比40.7%。广东现货环境下中长期交易品种成功上线，圆满完成按日和按周结算试运行工作。

7.2.2　电力期货交割环节与电力市场紧密联系

如前文所述，电力的特性意味着电力期货交易与电网的物理约束密切相关，与电力生产、调度和用户需求紧密相关。电力交易中心在组织市场交易方面已有相关经验，在参与开展电力期货方面具有天然优势。

7.3　电力交易中心开展期货交易的途径

7.3.1　期货市场的国际发展模式：协作和一体化

就国外电力期货市场模式来看，主要分为协作交易模式和一体化交易模式。

在协作交易模式下电力期货和其他普通商品的金融衍生工具一样在期货交易所交易，与电力交易市场完全分隔开。交易所负责产品规格、交易规则、交割方式等方面的设计，并组织相应的清算及风险管理，美国、英国、澳大利亚等国家采用该类交易模式。该市场模式具有以下特点：

（1）具有成熟的电力交易市场，成熟的电力交易市场确保电力市场安全有效的运行，形成合理的电力市场供需预期关系。

（2）具有成熟的金融衍生品交易市场，该市场具有众多的市场参与者，具有相应的风险管理机制。

（3）主要针对区域性电力市场设计的电力金融市场工具，如PJM日高峰电力期货、北伊利诺斯中心节点月度高峰电力期货等。

（4）电力交易与金融衍生交易市场分离，使电力衍生品市场灵活性较差，需要付出更大的成本去协商改进。

一体化交易模式又称复合模式，在该交易模式下，一般是在电力交易市场的基础上引入期货交易，电力交易模式与电力期货交易模式并存，即在同一个电力交易所（中心）进行交易。电力交易所负责传统电力交易市场与金融衍生品市场的设计与管理，根据电力交易需要进行调整，以确保整个电力市场安全稳健地运行。波兰、北欧等地区或国家采用这种模式，其中北欧电力联营体（Nord Pool）最具代表性。该类电力金融市场模式具有以下特点：

（1）灵活性大。一体化交易模式赋予了电力交易所更大的权力，可以根据电力市场的需要进行相应的调整，具有很强的自主性。

（2）适用的范围广。一体化交易模式既适用于区域性电力市场也适用于跨区域、跨国电力市场。

（3）运行效率高。一体化交易模式将众多子市场有机结合在一起，电力的调度与金融市场交易集于一体，方便市场参与者根据自身需求参与相应的交易。

（4）交易组织成本低。根据交易成本理论，一方面，一体化交易模式在信息整合、资产配置、市场转换上具有天然的优势；另一方面，电力交易所在组织管理、协调方面同样具有优势。相对于协作模式成本更低。

在目前上市电力期货的交易所中，纽约商业交易所（NYMEX）、洲际交易所（Inter Continental Exchange，ICE）、欧洲能源交易所集团（The European Energy Exchange，EEX）（含Nodal）、纳斯达克大宗商品公司（Nasdaq Commodities）较为成功，但三者的发展路径却完全不同。其中，NYMEX、ICE与电力现货交易所合作，推出的电力期货参考现货价格结算；EEX一直维持了期现一体化的模式至今；而Nasdaq Commodities中相对应的业务部门，则经历了一体化模式至协作模式的转变。但三者在发展过程中也体现出了共性，其在赢得市场认可的同时，均不断通过兼并和重组的方式以扩大市场份额和丰富产品种类。

7.3.2　电力交易中心参与期货市场运营模式的初步考虑

考虑到电力交易市场和期货交易所的各自优势，兼顾电力的公共品属性以及电力交割对电网的依赖性，建议电力交易市场和期货交易所合作共同开展电力期货交易，具体有两个路径：一是出资成立一个新的期货交易所（子公司），或者入股现有期货交易所上市电力期货；二是以结算价授权的方式与现有期货交易所合作，将电力现货、中长期市场与期货市场联结起来。

7.4 与期货对接的难点

目前我国电力市场建设正在深入推进，市场规则体系、技术支持系统仍在不断调整完善，从现货试点地区长周期试运行情况来看，软硬件技术条件尚未成熟，未来与期货对接存在以下难点：

第一，电力不宜采用实物交割。

目前国内的商品期货全部采用实物交割的方式，电力由于其不可储存的特性，实物交割难度较大。电力期货如果进行实物交割，只能在交割月份每日小量交割，但这种交割方式同样存在风险：用电端每日实际用电量存在不确定性，用电端可能某一交割日用电需求小于合约规定交割量；发电端发电能力、输电线路容量存在限制，发电端电力产能可能被占用从而无法生产多余电力交割；输电环节也同样存在阻塞而无法完成预定交割的可能性。如果采用每日滚动的交割方式，不仅加大了双方违约的概率，也加重了电力实时监控系统、电力期货清算、监管部门的负担。

第二，各地区市场交易分割严重。

我国各省份能源禀赋、电力需求差异巨大，市场形成天然分割。火电、水电、风电、光伏发电等不同的发电种类导致其成本走向可能完全不同甚至相反。例如水电成本较低时，火电成本可能上扬；不同省份的发电类型又可能完全不同。这导致全国各区域的电价存在较大差异，电价的变化速度乃至变化方向也难以预测。

同时，目前省际电力流通协调机制不完善，每个省份成为独立的利益主体，电力富余省份通常比较倾向于压低本省电费，以降低经济发展的成本，所以有比较强的意愿将电量控制在本省，不愿意输出。而电力短缺省份也可能出现为保护本省电力企业盈利和就业等原因，不愿意接收外省份电力，这就构成省际电力市场的障碍。各地区之间相互博弈，使全国统一电力市场建立难度增大，这大大增加了电力期货市场建立、期货合约设计的难度。

第三，市场化程度仍要增强。

我国目前处于电力改革的关键阶段，从全国来看，目前电力市场化程度已超过30%，其中主要的参与者为用电需求大且稳定的工业企业。随着政府对于改革的加速推进，电力市场的市场化程度将不断提高，期货市场成形的基本条件在逐步具备。就目前而言，市场条件仍不足以满足期货市场的要求，主要体现在：

一是市场化参与者不够多元化。目前电力交易无论短期还是长期，电力合约价格中所包含的市场信息和价格预期与全社会口径供需关系不相匹配，这就会影响未来期货对于其他用电户的风险对冲能力，打击其他主体参与电力期货交易的积极性。

二是寡头市场的格局短时间内难以改变。目前各省市区大电厂在发电端的市场垄断能力难以削弱，这样的格局不利于期货市场发挥其价格发现的功能，更容易滋生操纵市场的风险。由于期货的杠杆作用，交易主体操纵市场后不仅没有起到降低风险的作用，进而易引发新的金融风险。总体来看，我国发电侧的垄断程度较高，五大发电集团发电量占比长期超过40%。大部分省内市场在发电侧也存在垄断特征。

7.5 本章小结

一是电力交易中心见成效。二是电力市场建设已初步完成并稳定运行，价格形成机制、信息披露和监管制度已基本具备。三是电力市场技术条件较为成熟，与期货市场衔接顺畅。特别需要注意的是，国际经验表明，电力期货在期货交易所交易还是在电力交易市场交易，取决于各自市场发展的历程和特色。考虑到电力公共属性以及交割的特殊性，我国可以兼顾两个市场的优势，采取电力交易市场与期货交易所共同出资成立交易所上市电力期货的路径。

此外，上市电力期货还面临一些困难，如电力交割的技术困境、区域市场的分割、远期合约和场外市场不活跃、市场参与主体较为单一、电厂的垄断性等。

第 8 章

国际电力期货发展经验

8.1 欧洲电力期货发展经验

8.1.1 电力期货适应并引领了电力现货市场的改革与建设

欧洲统一电力市场改革是欧洲电力期货发展的基础，欧洲电力期货市场根植于欧洲电力市场化改革，并推动了欧洲统一电力市场的发展，是欧洲电力期货市场成功的重要经验。

（1）电力市场的深化改革是欧洲电力期货壮大的重要基础

欧洲统一电力市场主要由欧盟的三个约束性指令对欧盟各成员国指导、推动建设而成。欧洲统一电力市场改革发展主要包括电力市场化改革和电力市场的一体化融合两大部分。改革前，欧洲电力市场价格主要由处于支配地位的几家大型集团控制，1993年欧盟提出建立统一电力市场改革目标，经过近20年的发展，欧洲统一电力市场最终形成，主要有三个阶段。

第一阶段（1996~1998年）适时开放阶段。以1996年第一个能源法案为标志，欧盟发布了关于放宽电力市场的一个指令，提出了加强竞争和降低电价的目标，强调部分放开、适度监管和厂网分开，要求各成员国进行市场化改革，开放工业用户选择权，并建立了欧盟区域内部电力市场的一般性原则。1996~2003年，北欧、英国、德国、荷兰和意大利电力市场相继成立。

第二阶段（2003~2005年）加速开放和适时融合阶段。电力市场进一步开放，欧盟提出2007年零售市场开放的最后期限，要求成员国建立独立的电力监管机构，重视公共服务，维护消费者权益。这一阶段欧盟要求各国在法律和功能上实现电网运行与发电、供电的分离。2005年，欧盟提出建设七大区域电力市场，成为推动统一电力市场建设的重要步骤。2006~2008年，欧盟各国电力市场开始融合，中西欧、东南欧等区域电力市场相继成立，出现了国家市场和大区市场并存的情况，初步形成欧洲统一电力市场。

第三阶段（2009年至今）市场加速融合和体系健全阶段。2009年欧盟第三个能源法案实施，主要目标是有效输送网络拆分、建立监管框架、网络准入及提高市场透明度等。在这一时期，欧盟层面的能源监管机构建立，要求输电网络运营商（TSO）必须与欧洲电力传输系统运营商网络（ENTSO-E）合作。2014年欧盟区域价格耦合项目实施，中西欧、北欧、英国和爱尔兰市场等区域电力市场实现日前耦合。2018年，日内耦合项目开始实施，中西欧、北欧和伊比利亚电力市场实施日内订单共享。

（2）电力期货市场适应并支撑了欧洲电力市场化改革

从欧洲电力期货市场的发展历程可以看出，欧洲电力期货市场成功不仅在于其发展适应了欧洲电力现货市场的改革，而且引领和助力了欧洲现货市场的建设。

一是欧洲在电力市场化改革的同时就推出了电力期货合约。在欧洲电力市场改革早期，1996年挪威和瑞典两国电力市场合并，建立为北欧电力交易所（Nord Pool ASA），成为全球第一个跨国电力市场，其在运营电力现货批发市场的同时，推出欧洲首批电力延期结算期货合约（Defered Settlement Futures，DS Futures）。不同于标准化的期货合约，北欧的电力延期结算期货合约不进行逐日盯市，而是基于银行担保，在合约到期时才在交易双方间通过现金结算划转累计盈亏。这种结算安排吸引了大量电力现货企业参与套保，成为北欧电力市场对冲交易的核心产品。

二是电力现货交易所是欧洲电力期货市场发展的重要载体。欧洲电力期货市场发展主要由电力现货交易平台或交易所主导，典型的如北欧电力交易所、欧洲能源交易所集团等。除北欧电力交易所推出的延期结算期货合约外，欧洲能源交易所集团（EEX）也在2000年至2012年建立了以旗下EPEX SPOT平台为主覆盖德国、法国、英国等各欧盟成员国的电力现货交易市场，并于2012年开始推出电力期货等衍生品。

三是不断完善期货产品是欧洲电力期货市场发展的重要路径。根据市场发展需要不断完善电力期货合约是欧洲电力期货市场发展的重要特点。北欧电力交易所在1996年推出电力延期结算期货合约的基础上，于2012年将电力期货的交易重心从电力延期结算期货合约转向标准化期货合约。欧洲能源交易所集团的电力期货在2012年之前以日度期货（Day Futures）和周末期货（Weekend Futures）为主，随后逐渐拓展到年、半年、季、月、周等多种期限。与此同时，随着EEX电力现货业务扩张至中欧、北欧、东欧等国家，其电力衍生品交易也开始覆盖欧洲20个区域市场，并在2018年成为全球最大的电力交易平台。2021年9月27日，欧洲能源交易所集团宣布将其德国、意大利和西班牙电力期货的年度合约的到期期限，从原先的6年延长至10年，以便投资者进行更长时间的风险对冲，目的是进一步促进可再生能源电力市场发展。目前，欧洲能源交易所集团平台的大部分电力期货年度合约的最远到期日均在2028年底或2029年底。

8.1.2 电力期货市场设计符合电力现货市场结构和运行特点

电力期货市场产品体系和运行规则适应了电力现货市场结构特点是欧洲电力期货市场成功的重要经验。

（1）欧洲电力现货市场是以国别为单元却统一运行的市场

欧洲统一电力市场在物理形态上以国别为单元，但在运行上却是高度统一的市场，通过跨国输电网的运营及市场联合出清被联结在一起。2006年以来，欧盟已陆续实现27个成员国、多区域市场的联合交易，建立了基于统一市场规则、联合出清的市场机制。

一是欧洲电力市场是以国境为边界的竞价分区市场。竞价分区市场也称价区，是联合竞价出清机制决定价格的基本单元。欧洲目前的竞价分区主要与国家边界相同，但也有特例，如北欧和意大利就被划分成多个竞价区，而德国、奥地利、卢森堡却合成了一个大区。竞价分区的特点是每个分区一个价格，每个分区之内没有交易限制和输送限制。

二是欧洲电力市场是统一的价格联合出清市场。从市场运行和交易的维度看，欧洲电力市场是统一运行的市场，代表性的是日前市场和部分日内市场。从2011年起，欧盟筹建了7个电力现货交易所，探索各国的电力现货市场联合出清机制，即区域价格耦合项目。市场耦合主要是通过优化出清算法实现不同国家市场间的电力交换，目标是实现整个欧洲的购电成本最低。目前，欧洲日前市场出清采用统一算法（Euphemia）进行联合出清，具体工作由各大交易所轮值负责。日前市场联合出清机制忽略了各国（价区）内部输电阻塞，仅考虑了跨国（价区）间的输电线路容量限制。

三是欧洲电力市场是一个多层次的市场体系。基于交易特点看，欧洲电力市场包括跨国中长期市场、日前耦合市场、日内耦合市场以及跨国平衡市场。

- 跨国中长期市场，也称跨境双边合约市场，交易的是跨境双边合约。由交易双方自行签约并依据合约电量购买相应的物理输电权以保证合约的顺利执行。交易成功后，由市场主体申报合约信息至本国交易中心备案。

- 日前耦合市场，是由输电网运营商（TSO）利用价格耦合机制（Price Coupling of Regions，PCR），将多个国家的电力市场供需及跨国输电容量联合出清，形成次日各国发用电计划及相应跨国输电容量的过程。日前市场通常在24小时前由TSO向输电分配办公室发布跨境传输通道的可用传输容量，市场成员按照自身供需情况各自提交买卖报价，以传输容量为约束，根据买单建立需求曲线，根据卖单建立供应曲线，然后进行统一竞价出清，在两条曲线的交点处（MCP），形成第二天每个小的市场清算价格。

- 日内耦合市场，是为了给市场主体纠正日前与日内预测的偏差，交易量比较少。日内市场在每天1~24小时范围内持续进行撮合匹配，采用“时间优先，报价优先”的撮合交易模式。

- 实时平衡市场，主要用于解决系统内部突发性扰动或大规模间歇性可再生能源发电出力持续变化对系统平衡造成的冲击，其核心在于推动各国通过交换平衡能力以降低本地调度成本，提升系统运行的经济性。

（2）紧贴现货市场设计期货产品是欧洲期货成功的重要经验

欧洲电力期货市场大部分以电能量价格作为合约标的，也有少量以电容量价格或电力负荷为标的创新产品，这些产品设计紧密结合了电力现货市场运行特点，是其成功的重要原因。

一是欧洲电力期货合约主要挂钩单个或多个国家的区域电价。基于电力现货市场结构特点，欧洲电力期货合约主要挂钩单个或多个国家的区域电价，也有挂钩德国/奥地利现货组合价格、电力价差（EPAD）的特色产品。欧盟将输电阻塞较少发生的地点范围定义为区域（Zone）并形成区域电价（Zonal Price），欧洲电力期货挂钩的现货价格也为与之对应的区域电价。此外，由于德国和奥地利电力市场联系较为紧密，EEX还创设了德国和奥地利日前电力价格分别占比9∶1的Phelix-DE/AT电力指数，并推出了德国/奥地利电力指数期货。在北欧市场，Nasdaq Commodities还推出了以北欧系统电价（即北欧各国联合形成的无阻塞的区域电价）和北欧各国电价的价差为标的的区域价差期货合约（Electricity Price Area Differentials，EPAD）。

二是欧洲电力期货合约的现货标的主要为日前电力价格。适应现货市场价格出清机制特点，欧洲电力期货合约的现货标的为日前电力价格，进一步细分为日前基荷、日前峰荷电力的现货均价。由于日前电价在一天内剧烈变化，欧洲期货市场进一步将0点至24点定义为“基荷”，将8点至20点定义为“峰荷”，将0点至8点以及20点至24点定义为“非峰荷”，分别计算形成每个国家地区基荷电价指数、峰荷电价指数、非峰荷电价指数，对应推出（默认较为日前价格）挂钩这些指数的电力期货合约。其中，大部分交易所都推出了电力基荷期货和电力峰荷期货，且基荷期货成交最为活跃，而非峰荷期货仅出现在EEX推出的3个德国/奥地利电力指数期货中。

三是期货合约期限长度多样符合了投资者的需求。针对单个区域市场日前现货均价，欧洲各期货交易所按照交割期长短，同时推出年度、半年、季度、月度、周中、周末、日度系列合约等多种期限长度的电力期货合约。其中，EEX的合约期限类型最为丰富，囊括年度、半年、季度、月度、周中、周末、日度多种类型，最长可达10年；Nasdaq Commodities推出的期货合约期限为年度、季度、月度、周度、日度合约，没有半年和周末合约；ICE大部分欧洲电力期货为月度合约，也有少量是年度、季度、年度合约；CME针对欧洲市场则只提供月度合约。不同的合约期限满足了投资者需求。

8.1.3 欧洲电力期货市场建立了有效的交易机制

为更好地发挥期货市场的作用，欧洲电力期货市场建立了竞争性的期货品种上市机制、不同期限间的合约转换机制，以及符合电力交易特点的现金交割制度。

（1）建立了期货交易所间竞争性的期货品种上市机制

主要表现为欧洲不同电力期货交易所上市的针对同一国家的现货标的大都相同。基于欧洲不同电力现货交易所的交易基本于2020年[①]实现耦合的现实以及不同现货交易所轮值负责欧洲市场各区域电价的出清机制，因此，同一国家的现货价格一般只有一个，而对应的期货却可以在多个期货交易所上市交易。如针对EEX、Nasdaq Commodities上市的北欧电力期货均挂钩Nord Pool发布的北欧系统价格，德国电力期货均挂钩EPEX SPOT SE发布的德国日前电力价格，意大利电力期货均挂钩意大利电力交易所（GME）现货价格。

（2）大部分交易所建立了年度、季度、月度合约间的转换交割机制

大部分欧洲期货交易所建立了年度、季度、月度合约间的转换交割机制，但月度和日度合约间不进行转换。由于电力无法储存，欧洲各期货交易所均建立了合约转换机制。以Nasdaq Commodities交易所为例，其将这一转换过程称为"Cascading"，年度合约在临近到期时自动将投资者的持仓量平均分为四份，形成四个季度期货合约持仓，其中最近的一个季度合约直接转换为三个月度合约持仓。与之相对应的是，季度期货合约在临近到期时自动转换为三个连续的月度合约。但是，月度合约和日度合约并不适用这一转换机制。

（3）绝大部分电力期货合约为现金交割且期转现非常便利

欧洲电力期货合约绝大部分为现金交割合约，但OTF市场"必须实物交割"的电力期货则可通过EPEX SPOT完成实物交

① 详见欧洲跨区域耦合项目介绍：https://www.entsoe.eu/network_codes/cacm/implementation/sdac/。

割。欧洲各期货交易所的期货合约大部分均为现金交割，但是由于EEX同时运营电力现货和期货服务，EEX提供了便利的期转现服务，即允许具有EEX电力期货头寸的市场参与者在相应的EPEX SPOT日前拍卖时实现期转现，市场参与者向EPEX SPOT申请该服务后无须每天提交订单即可实现头寸转换。此外，对“必须实物交割”的德国、法国、奥地利的OTF年度、季度、月度期货，其中年度、季度期货均通过转换交割机制成为月度合约，而月度合约在临近交割时，则由EEX旗下清算所ECC代表其持有人在EPEX SPOT现货日前市场自动报价完成实物交割。

8.1.4 高效的电力交易所是欧洲期货市场发展壮大的支撑

欧洲电力期货市场是一个开放竞争的市场，建立了由本土与国际相结合、期货与现货相统一的期货交易平台，为欧洲电力期货市场发展提供了重要支撑。

（1）欧洲建立了高效的电力现货市场交易平台

欧洲从2011年开始筹建包含7家电力交易所、涉及23个国家的电力现货市场。这7家电力交易所包括欧洲电力交易所EpexSpot、意大利电力交易所（GME）、北欧电力交易所Nord Pool、西班牙葡萄牙电力交易所（OMIE）、捷克共和国交易所（OTE）、罗马尼亚天然气和电力市场运营商（OPCOM）、波兰电力交易所（TGE）。其中，EPEX SPOT是欧洲能源交易所（EEX）的现货交易平台，是欧洲电力现货成交量最大的现货交易所。

（2）欧洲形成了竞争性的电力期货交易平台

截至2021年8月，全球共有五家交易所提供挂钩欧洲电力现货指数的期货合约。部分介绍如下：

- 欧洲能源交易所（EEX）。该交易所依托其EPEX SPOT平台雄厚的电力现货交易基础，上市了奥地利、比利时、荷兰、法国、英国、德国、北欧、捷克、保加利亚等20个国家或地区的近900个电力期货合约和24个电力期权合约。该交易所在电力期货领域有诸多创新，如推出“必须实物结算”的奥地利、法国、德国电力OTF期货合约，德国/奥地利电力指数期货，基于EPEX SPOT平台提供的灵活的期转现服务。根据FIA数据，EEX在2021年1月至8月的欧洲电力期货和期权交易量高达271万手（与2020年同期基本持平），占所有欧洲电力期货和期权交易量的83%，是欧洲电力衍生品市场的主导力量。目前该交易所最活跃的德国基荷月度电力期货2021年前8月共成交37万手，是全欧洲最活跃的电力期货合约。

- 纳斯达克商品交易所（Nasdaq Commodities）。该交易所的前身是于1996年成立的北欧电力交易所，目前该交易所与Nord Pool联系较为紧密，主要针对北欧、德国和法国电力市场上市了近130个电力期货和14个电力期权。其中，北欧电力衍生品全部为电力期货，没有电力期权，包括挂钩Nordic Power电力指数的7个标准化期货、4个DS期货，以及挂钩北欧区域价差的39个标准化期货和34个DS期货。德国电力衍生品有45个期货和14个期权，也涉及标准化期货、DS期货、价差期货等多种合约类型。根据FIA披露的2021年1月至8月数据，Nasdaq Commodities 2021年以来的欧洲电力期货和期权交易量为33万手，在欧洲电力衍生品交易占比为10%。目前该交易所最活跃的Nordic Power基荷季度电力期货2021年前8个月共成交8万多手，是全欧洲第二活跃的电力期货合约。

- 洲际交易所集团欧洲期货交易所（ICE Futures Europe）。该交易所上市的欧洲电力衍生品涉及德国、法国、意大利、北欧、西班牙、瑞士、荷兰、比利时、奥地利、英国10个国家或地区，包括29个电力期货和12个电力期权。其中，除常规产品外，英国电火花价差期货合约是该交易所在电力衍生品领域的主要创新产品，该合约挂钩燃料和电力两种标的的价差，为受燃料价格波动影响较大的发电机组提供避险工具。根据FIA披露的2021年1~8月数据，ICE Futures Europe 2021年以来的欧洲电力期货和期权交易量接近20万手，在欧洲电力衍生品交易占比为6%。目前该交易所最活跃的德国电力期货2021年前8个月成交量分别为12万手（同比增长102%），次活跃的荷兰电力期货则为4万余手（同比下滑43%）。

- 土耳其伊斯坦布尔交易所（Borsa Istanbul）、芝加哥商业交易所、意大利交易所等。其中，土耳其伊斯坦布尔交易所在土耳其未加入欧盟的背景下，其电力现货和电力期货的运营都独立于欧盟体系，其电力期货2021年前8个月仅成交4 202手，并不活跃。芝加哥商业交易所虽然上市了2个德国电力期货合约和2个意大利电力期货合约（分别为基荷和峰荷），但除德国电力基荷期货在2021年前8个月成交9 112手外，其他期货合约均无人问津。意大利交易所目前仅剩2020年底的30手持仓，2021年以来再无成交。

8.1.5 完善的电力衍生品监管体系是市场有序运行的保障

强有力的市场监管是电力期货市场有序运行的重要保障，欧洲建立统一的电力现货和期货市场监管体系。

（1）欧洲电力现货市场的监管

一是能源监管合作署（ACER）。2011年欧盟成立了能源监管合作署（Agency for Cooperation of Energy Regulators，ACER）。能源监管合作署是根据欧盟第三能源改革法案（欧盟指令2009/72/EC）成立，目的是促进各国监管机构之间的合作，加强跨国能源电力传输，在必要时协调其行动。ACER的活动包括：向系统运营商、国家能源监管机构和欧盟机构（欧洲议会、欧盟理事会和欧盟委员会）提供意见和建议；向欧盟委员会提交发展欧盟管网准则的非约束性框架指南；就国家能源监管机构未能达成协议的跨境问题或各国能源监管机构的联合请求作出决定。虽然欧盟委员会是欧盟的执行机构，对成员国政府行使的权力有限，但欧盟指令在对各成员国政策导向方面发挥着越来越重要的影响。ACER发布的《欧洲批发能源市场诚信和透明度法规》（Regulation on Wholesale Energy Market Integrity and Transparency，REMIT），明确禁止任何操纵或企图操纵能源市场的行为，要求各国监管机构在REMIT框架下进行市场监控。

二是欧盟能源监管委员会（CEER）。2000年欧盟能源监管委员会（Council of European Energy Regulatiors，CEER）成立，欧盟各国能源监管部门为其会员。作为一家非营利性机构，CEER由成员国监管机构自发成立，秘书处设立于布鲁塞尔。CEER的基本目标是在欧盟内部形成一个单一化、充分竞争、有效化和可持续发展的电力和天然气市场。作为国际能源监管网的成员之一，CEER既是欧洲国家能源监管机构间进行合作、协调和交换信息的平台，也是欧盟委员会高层交流的主要平台。2001年CEER对欧洲电力企业的供电质量进行深度分析，重点关注三个方面：供电可靠性、电压质量和服务质量。CEER每年都会通过发布电力企业供电质量评估报告对欧洲国家的供电可靠性管理工作进行监督。

三是欧盟各国监管机构。除了针对欧盟整体的监管机构，欧盟成员国内部，也具有各自的监管部门。以英国为例，英国电力市场受电力市场办公室（OFGEM）监管。在英国，能源与气候变化部（DECC）是能源宏观政策的制定部门，天然气和电力市场办公室（OFGEM）是能源监管部门。此外，涉及英国能源领域监管的机构还包括：公平贸易办公室（OFT），主要依据反垄断法、竞争法及公平交易法对操纵市场、企业并购等行为进行监管；垄断与兼并委员会（MMC），主要应OFGEM和OFT的要求对纠纷处理进行详细的调查、仲裁。

（2）欧洲电力衍生品监管体系

总体来看，欧洲电力衍生品大部分作为“金融工具”受到欧洲金融监管体系的监管，极少数在OTF市场“必须实物交割”的电力期货作为“非金融工具”受到欧洲能源现货监管体系的监管。具体如下：

一是欧洲证券和市场管理局（ESMA）监管大部分的欧洲电力衍生品。欧洲电力衍生品大部分为“金融工具”，受到欧盟《金融工具市场监管》（Markets in Financial Instruments Regulation，MiFIR）、欧盟《金融工具市场指令》（Markets in Financial Instruments Directive，MiFID Ⅱ）、《欧洲市场基础设施监管（EMIR）》《市场滥用行为的监管条例》（Market Abuse Regulation / Market Abuse Directive，MAR/MAD Ⅱ）、《欧盟基准监管法规（EBMR）》等约束。其中，MiFIR、MiFID Ⅱ、EMIR主要侧重监

管电力金融衍生品的交易报告，如合约信息、交易头寸、客户识别、持仓限制、抵押品等。MAR/MAD Ⅱ规定了欧盟检测和预防金融市场滥用的框架，规定了信息披露和报告义务，并包含金融市场非法行为的概念，如内幕交易，非法披露内幕信息和市场操纵。EBMR则对整个欧盟地区的价格基准监管提出了要求。由于电力现货基准价格是现货和期货市场的交集，欧洲证券和市场管理局（ESMA）要求电力衍生品挂钩的现货价格，必须由ESMA认证的基准管理发布，因此EEX、Nord Pool等均具备ESMA授予的基准管理人资格，确保对电力衍生品挂钩标的监管覆盖。

二是能源监管合作署（ACER）监管OTF市场“必须实物交割”的少数几个电力期货合约。2018年1月3日欧盟《金融工具市场指令Ⅱ》（MiFID Ⅱ）提出“有组织的交易设施”（Organised Trading Facility，OTF）这一新的交易场所类别以来，并特别指出只有ESMA能颁发OTF市场牌照，而且OTF市场需遵循“投资公司”要求。[①]为包含尽可能多的（未来）有组织的交易执行形式，OTF市场的定义比较宽泛，覆盖各类多边交易场所。在能源交易领域，OTF市场主要服务商品现货企业，部分产品具有衍生品性质，且主要以实物交割为目的。为明确监管边界，欧洲能源批发市场的监管机构——能源监管合作署（ACER）与欧洲证券和市场管理局（ESMA）近年来就OTF市场的监管进行了多轮磋商，于2021年4月发布《关于有组织交易设施（OTF）运营的最终报告》[②]，形成以下共识：OTF类平台上“可以实物交割”的产品被归类为“金融工具”，由ESMA按照《金融工具市场指令MiFID Ⅱ》

① https://www.afm.nl/en/professionals/onderwerpen/mifid-2/marktstructuur-otf.

② https://www.esma.europa.eu/press-news/esma-news/esma-makes-recommendations-organised-trading-facilities-under-mifid-iimifir。

等标准进行监管；而“必须实物交割”的产品则被归类为“非金融工具”，由ACER按照《能源批发市场诚信和透明度法规（REMIT）》进行监管。例如，EEX于2018年设立的OTF市场，其电力期货中9个“必须实物交割”的德国、奥地利、法国的电力期货由ACER按照现货批发市场标准监管，6个“现金结算”的德国/奥地利电力指数期货则仍由ESMA监管。

8.1.6　对中国发展电力期货市场的启示

（1）欧洲电力市场是统一设计与建立的多层次市场，突出整体目标最优，内含平衡对冲机制

欧洲电力市场是在欧盟的统一规划指导下逐步推进的，最终形成了高度互联、一次竞价、集中出清的日前市场。欧盟集中出清的价格机制几经调整最大化地实现了成员国的总体福利最优，具有极高的包容性。欧洲统一电力市场体系不仅包含日前、日内交易市场，而且包含了实时平衡市场机制，从而降低生产不匹配对电力价格的冲击。市场高度耦合使欧洲电力市场产品标准统一，便利不同市场主体间的中远期交易和场外交易；而包含平衡机制的市场体系又极大地降低了价格风险的对冲，这是欧洲期货交易量大大低于美国市场的一个重要原因。当前我国省间通过特高压及联络线进行大范围资源配置和电力余缺互济，省内确保发用电平衡的电力调度模式，与欧洲市场统一市场结构有较多相似之处。我国应借鉴欧洲电力市场运行机制和市场体系建设，在提高市场的耦合度的同时建立现货平衡机制，最大程度实现电力交易的平稳运行。

（2）具有现货背景的期货交易所推出电力期货具有极强的市场竞争优势

从欧洲电力期货市场发展历程来看，目前占据欧洲电力期货市场领导地位的EEX、Nasdaq Commodities均有极强的电力现货背景，如前者依托EEX集团内的EPEX SPOT在欧洲电力批发市场的广泛影响力，后者本身就脱胎并继承了主导北欧电力现货市场的Nord Pool的电力金融合约。相比而言，ICE、CME等在全球期货市场具有广泛影响力的交易所集团虽然也在尝试进入欧洲电力期货市场，但始终不得其法；意大利、西班牙、葡萄牙、土耳其等欧洲国家原有的电力期货市场，随着欧盟统一市场联合出清机制的建设，也逐渐萎缩退化。可见，具有现货背景的期货交易所，在期货合约的现货基准管理、期转现实物交割、投资者宣传服务等方面具有极强的市场竞争力，形成期现服务一体的竞争壁垒，而且一旦其形成先发优势，没有现货背景的期货交易所很难进入并改变这一市场结构。

（3）电力现货交易所直接上市电力期货有先例，但需要考虑特定的实现路径和监管环境

电力现货交易所直接上市电力期货在欧洲市场确有先例，即1996年成立北欧电力交易同时运营电力现货批发市场和电力延期结算期货合约。但随着2008年金融危机后欧洲金融市场监管的收紧，北欧电力交易所的金融业务被拆分转移至Nasdaq Commodities交易所，EEX集团分部由不同子公司运营现货和期货市场，当前欧洲电力期货均在欧洲证券和市场管理局（ESMA）授权的市场上市交易。即使OTF市场中一部分——“必须实物交割”电力期货被划归现货市场监管部门ACER监管，也不能改变OTF需要从ESMA获得牌照且遵守“投资公司”要求的现实，因此OTF本质并不是现货市场。但是，电力现货交易所推出“类期货合约”则有其现实基础，因为按照ACER的REMIT法规，能源批发市场也可推出现金结算电力OTC衍生品合约，而此类合约确实在欧洲电力市场发挥重要作用，且标准化程度极高，除了合约规模较大、参与门槛较高外，其还具备“类期货合约”的特征。可见，电力现货交易所直接上市“类期货合约”在考虑特定的实现路径和监管环境的背景下具有可行性。

8.2　美国电力期货发展经验

8.2.1　自由竞争的电力市场是美国期货市场成功的基石

美国电力市场发展经历了由高度垄断为主向自由竞争的发展转变，自由竞争的电力现货市场是美国电力期货市场成功的重要基础。

（1）电力市场化改革为美国电力期货市场产生提供了可能

美国电力市场发展分为高度垄断和自由竞争为主的两个不同的典型阶段。

一是20世纪90年代前，以垂直管理的国有电力公司高度垄断为主的市场阶段。自第二次工业革命电力成为独立的工业部门以来，美国电力工业迅猛发展，并形成了高度垄断的市场体系。1935~1970年是电力工业发展的黄金期。在这一时期，美国电力供给迅猛增长，尤其是在经济繁荣的1950~1970年，电力供应年均增速约8%，远高于同期GDP增速。与此同时，美国的发电、电网运营、输配电、电力销售等环节，均由区域性的政府所有的公司垄断经营，其运营成本和利润回报率都由各级政府制定。垄断经营使消费者和电力企业间信息不透明，导致出现电力价格过高等问题，电力市场化改革在此背景下启动。

二是20世纪90年代以后，以电力供需各方以自由竞争为主的市场阶段。1992年美国国会通过了《国家能源政策法1992》，由各个州起步，原先垂直管理的电力公司逐渐开放电网，所有发电机组作为独立发电商参与发电竞争，但输电和售电仍处于统一监管。1996年美国联邦能源监管委员会（FERC）发布了第888/889号法令，鼓励成立竞争性电力批发市场，为电力的买方和卖方提供交易场所，分拆发电与输电服务，允许发电商和用户公平接入输电网，电力服务公司开始进入市场，全美逐渐形成了10个跨州的区域电力市场。此后，美国通过颁布《国家能源政策法案2005》等法律，持续推动生产、输送、消费等各环节的市场化改革，逐步建立了自由竞争的市场体系。

（2）电力期货为电力市场化改革提供了有效风险管理工具

电力市场化改革在增加现货市场的透明、提升电力市场竞争程度的同时，也带来了价格的波动，特别是在用电高峰和低谷期，电价波动十分剧烈。为帮助电力市场参与者降低价格波动风险，美国期货交易所探索推出了电力期货。1996年，美国纽约商业交易所（NYMEX）针对两个电力现货市场（加利福尼亚—俄勒冈电力现货市场和保罗福德地区电力市场）设计和上市了电力期货合约，这两个电力期货合约均为实物交割，但由于交易不活跃而很快退市。2000年，NYMEX以PJM电力现货市场为对象，设计上市了现金结算的PJM电力期货合约，此后美国期货市场推出的电力期货合约均采用现金结算。现金结算电力期货合约推出后的20年，美国电力期货发展十分迅速，交易量持续增长，为美国电力工业乃至能源结构调整提供了有效的风险管理。

8.2.2 美国电力期货符合现货市场结构和电力价格体系

电力期货市场产品体系和运行规则适应了电力现货市场结构和电力价格体系特点是美国电力期货市场成功的重要经验。

（1）美国电力市场是以区域市场为主体多层次多类型的市场

经过不断的市场化改革，美国电力市场形成了一个以区域市场为主体，多层次、多产品类型的市场体系。

一是美国电力市场是区域性市场。与中国不同，美国电力市场不是全国统一的市场。目前美国形成了10个跨州的区域性电力市场，这10个区域性电力市场中，有7个采用集中竞价方式进行交易。这7个市场都有唯一对应的联邦能源监管委员会（FERC）授权的系统运营商（ISO）或区域输电组织（RTO）[①]组织负责运营，因此这7个市场分别以其ISO/RTO命名，包括德州ERCOT电力市场、加州CAISO电力市场、新英格兰ISO-NE电力市场、中部MISO电力市场、纽约NYISO电力市场、PJM电力市场、西南电力池SSP市场。另外3个市场以批量分散的双边交易为主，辅以集中化的实时平衡交易，分别是西北Northwest电力市场、西南Southwest电力市场、西南Southwest电力市场。美国的10个区域性

① 此处的ISO或RTO是联邦能源监管委员会（FERC）为区域市场运营商颁发的监管牌照，ISO在达到一定监管标准后可向FERC申请成为RTO。

电力市场，按照电网是否互联，可分为东部、西部和德克萨斯3个相对分隔的互联电网。其中，东部电网和西部电网分别与加拿大电网并网运行，西部电网和德克萨斯电网与墨西哥电网连接。这三大区域电网彼此相对独立，电力交换有限。

二是每个区域市场包含众多细分区域（Zones）和节点（Hubs）。由于电网每条输电线路上输电功率（考虑输电方向）有一安全限值，如果实时功率超出限值将产生输电阻塞，传输阻塞将市场进行了分割，形成了一个个不同的区域和节点。在电网实际运行中，由于某些区域之间频繁、明显地发生输电阻塞，而在这些区域内，输电阻塞发生的概率却很小，情况也比较轻微，因此，每个电力市场内部，形成了众多细分区域。如PJM市场有22个Zones，而每个细分区域内有众多节点，PJM市场有40 000多个不同节点。一般来说，每个发电机的位置都是一个定价节点，有对应的节点边际电价（Location Marginal Price，LMP），细分区域价格则是该区域内所有节点价格的加权平均值。

三是美国电力市场具有多层次的价格体系。以电能量批发市场为例，美国电力市场建立多层次的价格体系。

- 节点边际电价LMP。节点边际电价（LMP）是节点市场供需平衡的价格，是考虑电力供需、阻塞和网损后的出清价格，也是市场化改革后美国电力市场体系最基础的价格。

LMP价格=系统边际电价（System Marginal Price，SMP）+输电阻塞价格（Congestion Component，CC）+网损价格（Marginal Loss Component，MLC）

其中，系统边际电价（SMP）是不考虑输电阻塞和网损时的电能量价格，所有节点的SMP价格都相同。

LMP需要根据实际负荷和电网潮流计算出各节点的LMP，细分区域LMP则为该区域内节点LMP的加权平均价格。

◆ 日前市场与实时市场的节点边际电价。根据电力现货是否当日交付，美国电力批发市场的每个节点，又被划分为日前市场节点边际电价（LMP）和实时市场节点边际电价（LMP）两类。即对次日用电进行定价的日前市场，和对当日偏差电量进行定价的实时市场。美国7家集中竞价的电力批发市场均以日前市场为主，实时市场仅作为调节供需偏差的补充市场。以PJM市场为例，在日前市场，发电企业全部竞价上网电量的批发市场电价形成具体为：发电企业需要提前一天向PJM市场申报其所有的发电资源与交易意愿，PJM市场将按照其供给边际成本由低到高与全网的负荷需求进行匹配，在考虑系统安全约束的机组组合问题情况下，基于LMP模型，以小时为单位计算形成所有节点的日前交易计划和对应的节点LMP价格；在实时市场，电能量供需双方会对预期负荷（即日前市场交易部分）与实际负荷间的差额，在电力输送前的几小时或几分钟（比如5分钟）内进行竞价交易，以确保实时电力供需平衡。此外，美国电力市场还包括电容量市场、传输市场和辅助服务市场，这些市场主要通过拍卖、双边交易等方式达成。

（2）美国期货市场产品体系高度契合了电力市场结构和特点

美国电力期货市场大部分以电能量价格作为合约标的，也有小部分以电容量价格或电力负荷为标的创新产品，其产品设计高度契合了美国电力现货市场的特点。

一是期货合约对象均为区域性现货市场，且标的为日前峰荷、日前非峰荷、实时峰荷、实时非峰荷电力的现货均价。考虑到电力现货市场分区定价的市场特征，美国期货交易所在推出电力期货时，将不同区域电力市场（PJM、MISO、NYISO、ISONE、ERCOT、CAISO）的各个节点的LMP价格视为不同的现货标的。同时，按照电力现货根据时间划分为日前市场LMP和实时市场LMP两种类型的现实，同一个节点对应的期货也推出两种类型合约——挂钩节点日前LMP的期货产品以及挂钩节点实时LMP的期货产品。

由于同一个节点的LMP价格在一天内剧烈变化，且峰荷时段易产生阻塞，其LMP价格远高于非峰荷时段LMP价格。对此，美国期货交易所在设计期货合约时对美国的电价体系进行了一定的简化，即按照峰荷、非峰荷不同时段，将单个节点细分为4种现货——日前峰荷LMP均价、日前非峰荷LMP均价、实时峰荷LMP均价、实时非峰荷LMP均价。从电力期货市场合约成交情况看，目前美国峰荷电力期货合约交易量占比超过90%。

二是期货合约期限设计为年度、月度、周度和日度系列合约。针对单个节点市场的每种LMP现货均价，美国期货交易所按照交割期长短，同时推出月度、日度电力期货合约，还有少量年度和周度期货合约，其中，月度合约最为活跃。以洲际交易所（ICE）美国期货交易所的PJM西部节点实时峰荷现货对应的800MWh期货产品为例，交易所会同时挂出未来110个连续的月度合约、未来52个连续的周度合约，以及未来38个连续的日度合约。

由于电力无法储存，各交易所均建立了合约转换交割机制，月度合约在交割期需要将持仓量平均到每日进行交割和结算。例如，美国电力期货市场同时有月度合约和日度合约，NYMEX的每一个月度合约持仓到期后，都会自动转化为20多份分别于当月不同交易日到期的日度合约，转化后的日度合约作为独立合约可自由交易，并分别于对应交割日完成现金结算。年度转月度、月度转日度也遵循类似规则。

三是电力期货合约交割方式均为现金交割。电力作为商品具有特殊性，其交割需要满足电力调度机构的安全校验，运输依赖垄断经营的输电网络。由于电力现货市场中的实时市场主要是来调剂日前市场的供需缺口，而电力供给需求的短期刚性极大，因此电力现货市场价格波动频繁，有时波动幅度极大，没有电网背景的期货交易所很难组织好电力现货交割。因此，电力期货交易所面临天然的实物交割难题。

从美国电力期货实践来看，采用现金结算不仅是NYMEX、ICE、Nodal Exchange的普遍选择，也是全球主要电力期货合约的普遍特征。虽然NYMEX在1996年最先推出的两份合约为实物交割，但由于不活跃已退市。由于美国各区域电力市场发布的LMP节点价格已经是市场公认的具有代表性、公信力、广泛影响的现货价格，因此美国电力期货采用这些批发市场现货价格的算术平均值作为期货结算价。

8.2.3　完备的交易平台是期货市场发展的重要支撑

交易所或交易平台是市场的组织者管理者，电力期货交易所或交易平台是期货市场发展的重要支撑，美国电力期货市场的成功依赖其建立的有效的期货交易平台。

（1）美国建立了有效的电力现货交易平台

美国现有10个电力批发市场，其中有7个区域性输电组织

（RTO）/独立系统运营商（ISO）市场。独立系统运营商和区域输电组织是根据美国联邦能源监管委员会（FERC）指导建议形成的，独立系统运营商和区域输电组织的作用相似。与区域输电组织相比，独立系统运营商不符合FERC规定的保留区域输电组织指定的最低要求，或者没有向FERC提出申请。独立系统运营商运营该地区的电网，管理该地区的批发电力市场，并为该地区的电力系统提供可靠性规划。区域输电组织执行与独立系统运营商相同的职能，但对FERC建立的传输网络负有更大的责任。以美国成立最早（1927年）的PJM市场为例，其作为一个非营利机构，主要有三方面功能：一是运营电网，保持供需平衡，监控电网运行，此部分功能类似于国内的调度中心；二是运营电力市场，PJM是一个竞争性电力批发市场，可以说是目前国内交易中心的升级版；三是制定电网规划，规划期长达15年。

（2）美国建立了有效的电力期货交易平台

截至2021年7月，全球共有3家交易所上市了挂钩美国电力现货指数的期货合约，分别是CME集团的NYMEX交易所、ICE旗下的ICE Futures US交易所以及EEX旗下的Nodal Exchange交易所，这3家交易所为保证北美和欧洲各国电力生产和电价平稳发挥了重要作用。

- 芝加哥商业交易所集团（CME Group）旗下NYMEX交易所。NYMEX交易所在1996年推出全球首个电力期货，虽然最初上市的实物交割电力期货合约成交量低迷，但随后推出的现金结算电力期货合约则逐渐活跃，对北美电力市场产生重要影响。随着ICE、节点交易所（Nodal Exchange）分别于2000年、2009年加入北美电力衍生品市场竞争，NYMEX交易所在北美电力期货市场的份额有所下降，在2011年时约占全美电力期货交易量的25%，至2019年时全年仅成交52万手，2020年全年成交量仅为3万多手。

目前，NYMEX有400余个电力期货合约和20余个电力期权合约，大部分以电能量价格为标的，包括4个挂钩电力负荷的创新产品。NYMEX的电力期货和期权覆盖7个区域电力市场的40多个节点，以相关节点为LMP价格作为现货标的，针对每个节点推出对应的日前/实时、峰荷/非峰荷期货期权产品。该交易所目前最活跃的电力期货合约为PJM Western Hub Peak Calendar-Month Real-Time LMP期货，2020全年成交15 814手，同比下降74%。

◎ 洲际交易所集团（ICE）旗下ICE Futures US交易所。ICE Futures US交易所在2000年10月推出了首个电力合约，由于当时ICE被美国商品期货交易委员会（CFTC）认定为“豁免商业市场”（Exempt Commercial Market，ECM），监管环境较为宽松，其电力期货成交量在2000~2012年快速增长，2013年在北美电力期货市场持仓占比攀升至80%。虽然最近10年ICE Futures US在与Nodal交易所的市场争夺中，市场份额有所下降（2020年低于50%），但由于其在北美电力现货的日前和实时市场的双边交易中占据核心地位，现货期货的业务协同依然使其保持一定竞争优势。

目前，ICE美国期货交易所有300余个电力期货合约和50余个电力期权合约，大部分以电能量价格为标的，也包括12个创新型产品，比如NYISO和ERCOT市场的电容量价格期货，以及挂钩PJM市场最大每小时负荷的创新型期货。其中，挂钩电能量价格的电力期货或期权产品标的，覆盖7个区域电力市场的近60个节点，对应推出了日前/实时、峰荷/非峰荷期货产品。2020年，ICE北美电力期货合约成交量高达1 178万余手。

➋ 欧洲能源交易所（EEX）旗下的Nodal交易所。Nodal交易所成立于2009年，主要提供北美电力、天然气、环境衍生品交易。目前，Nodal交易所有1 400余个北美电力期货和近20个电力期权，大部分以电能量价格为标的，也包括12个创新型产品，比如NYISO和ERCOT市场的电容量价格期货，以及挂钩PJM市场最大每小时负荷的创新型期货。其中，挂钩电能量价格的电力期货或期权产品标的，覆盖6个区域电力市场的近400个节点，远高于ICE、NYMEX交易所提供的标的数量。

Nodal交易所致力于提供尽可能多的节点价格作为期货标的，其丰富的产品系获得了北美电力交易者的广泛认可。2013年其电力期货在美国市场的持仓占比约为5%，2019年10月，Nodal交易所并购了Nasdaq集团旗下Nasdaq NFX交易所（该交易所2019年电力期货成交230余万手），巩固了其在北美电力期货市场的发展优势。到2020年Nodal交易所电力期货在全球电力期货活跃度下降背景下逆势增长11%，在美国电力期货市场份额超过50%。

8.2.4 美国电力期货服务了市场主体形成了良好投资者结构

服务电力企业、服务市场投资者是美国电力期货市场发展壮大的重要原因，且已经形成了良好的投资者结构。

（1）美国电力现货批发市场主体

美国电力批发市场的参与主体有发电企业、电力服务公司、电力零售用户、输配电企业、电力辅业公司①等。

① 如水利电力工程、规划咨询、勘测设计等的建设企业和设备企业。

◎ 发电企业。美国发电企业的主营业务即“发电”，根据电力的来源不同，分为火电、水电、风电、太阳能、核电、生物质能、天然气等。以PJM市场为例，目前核能和天然气电力占比均为34%，煤占比28%，燃油和可再生能源合计占比4%。电力市场化改革后，美国发电企业间的竞争比较充分，发电企业主要通过参与7个区域电力批发市场的集中竞价进行电力供给。

◎ 电力用户。在零售侧，美国电力市场允许具有竞争性的电力服务公司参与电力销售，同时赋予了电力零售用户在不同电力服务公司之间自由选择的权利，以消除传统电力公司在销售端的垄断。根据电力市场化程度的不同，美国部分州开放了电力零售市场的竞争，即允许电力用户在竞争性零售供应商之间进行选择，零售电价会随着电力供需关系变化和不同的服务计划而不同；其他的州则仍然是传统的垄断电力供应，即消费者不能选择供电公司，只能从所在地区的电力公司购买电力，但零售价格受到政府监管。

◎ 输配电公司。输配电企业通常负责一个较大区域的输电电网，并对高压电和低压电进行平衡、调配、输送。输配电公司拥有区域输电网的所有权，不参与电力市场交易，但需听从ISO/RTO的统一电力调配，必须做到无歧视开放输电网，提供标准化服务。美国输电商数量超过500家，输配电市场是竞争较充分的市场。

（2）电力期货服务了美国电力企业形成了合理市场结构

美国电力期货不仅吸引了电力现货企业，而且也为金融机构和散户参与电力交易提供了平台。CFTC每周发布的COT报告（Commitments of Traders Reports）揭示了美国电力期货市场的投资者结构[①]特征。以ICE和Nodal交易所持仓规模最大的两个期货产品为例（表8–1），可以看出美国电力期货市场的投资者类别较为丰富，各类参与者的持仓结构比较合理，可以反映出电力期货功能发挥比较充分。

一是电力现货市场供需两端的企业参与期货市场的积极性都很高。表8–1中的ICE电力期货合约单边总持仓超30万手，其中20万手由美国电力现货企业持有，占比高达70%。可见，虽然美国电力现货市场有金融输电权等OTC衍生品，但电力现货企业对期货市场风险管理工具非常认可且积极参与。而且，电力现货企业持有的多仓和空仓体量大体相当，说明电力现货供需两端的发电企业、电力服务公司以及电力用户都充分参与了期货市场交易。

二是小规模投资者更多集中在Nodal市场，较少参与ICE市场。表8–1中Nodal交易所电力期货合约单边总持仓近23万手，其中小规模投资者［未达美国商品期货交易委员会（CFTC）报告标准的非报告持仓］的持仓占比高达24%，而这一数字在ICE仅为0.2%，而其他类型投资者在这两个交易所的持仓占比差异不大。可见，Nodal在满足小规模投资者需求方面具有非常大的优势，这是其近10年快速追赶并比肩ICE在美国电力期货市场份额的重要原因。进一步观察小规模投资者的多空持仓差异，可以发现该类投资者的多空倾向并不明显。

三是金融中介（互换交易商和管理基金）在ICE和Nodal市场

① 第一类是生产商、贸易商等最终使用者，是一些传统意义上的套期保值者。第二类是互换交易商，主要包括商业银行、投资银行、保险公司、商业公司等，通过期货市场管理或对冲互换交易风险，对手方可能是非商业机构投资者，如对冲基金、养老基金等，也可能是传统的商业交易者。第三类是管理基金，一般代表客户利益，进行有组织的期货交易。第四类是其他达到报告标准的投资者。

表 8–1 **美国电力期货市场投资者持仓结构**

日期	总持仓	报告持仓头寸											非报告持仓头寸	
		生产商、贸易商、最终使用者等		互换交易商			管理基金			其他达到报告标准的投资者				
		多仓	空仓	多仓	空仓	价差	多仓	空仓	价差	多仓	空仓	价差	多仓	空仓
ICE：PJM Western Hub Real–Time Peak Mini														
规模（手）	316 960	218 944	238 400	4 549	17 844	31 677	22 930	1 218	9 392	15 787	4 838	12 975	706	616
比例（%）	100	69	75	1.4	5.6	10	7.2	0.4	3	5	1.5	4.1	0.2	0.2
Nodal Exchange:PJM Western Hub Real–Time Peak														
规模（手）	229 351	125 234	100 294	42 671	7 582	5 628	0	48 330	460	345	12 084	256	54 757	54 717
比例（%）	100	54	43	18	3.3	2.5	0	21	0.2	0.2	5.3	0.1	24	24

数据来源：CFTC官网。

中表现迥异。互换交易商和管理基金是仅次于电力现货企业的机构投资者，其多空合计持仓占比均超过10%。其中，互换交易商在ICE市场主要开展多空套利而在Nodal市场主要为净多头寸，管理基金在Nodal市场持有大量净空头寸。具体看，对比其在ICE市场的多仓、空仓、价差持仓数据可以发现，互换交易商在ICE市场的多空套利持仓占比高达10%，远高于多头单边持仓的占比1.4%和空头单边持仓的占比5.6%。进一步对比互换交易商在不同交易所持仓，可以发现互换交易商在Nodal交易所的多头单边持仓占比18%远高于其在该市场的空头单边和多空套利占比，且其4万余手的多头单边持仓是其在ICE多头单边持仓的10倍。可见，活跃在ICE和Nodal市场的互换交易商的交易策略有较大差距，可能不是相同的细分主体。与之类似，管理基金在两家交易所的策略也差异较大，集中体现在Nodal市场高达21%的空头单边持仓占比，而其在ICE主要表现为7.2%的多头单边持仓，活跃在ICE和Nodal市场的管理基金应该也不是相同的细分主体。

8.2.5 期现货市场的有效监管是期货市场运行的重要保障

有效监管是市场有序运行的保障，美国电力市场建立了有效的监管体系。

（1）美国电力现货市场规范监管有效运行

美国电力市场监管可以大致分为对电力批发市场、电力零售市场、输配电公司的监管。其中，批发市场及输电公司由联邦能源监管委员会（FERC）及其指定的政府电气可靠性组织——北美电力可靠性公司（The North American Electric Reliability Corporation，NERC）监管。FERC向电力区域市场运营商颁发独立系统运营商（ISO）牌照，符合一定条件的独立系统运营商可升级为区域输电组织（RTO），ISO/RTO负责本区域的电力市场运营和监控。美国另外3个没有ISO和RTO的区域市场，以批量分散的双边交易为主，当地电力企业由FERC直接监管。美国配电公司及零售市场则由各州公共事业委员会（Public Service Commision，PSC）监管，联邦政府只对跨国交易与联网有部分管辖权。具体如见图8-1。

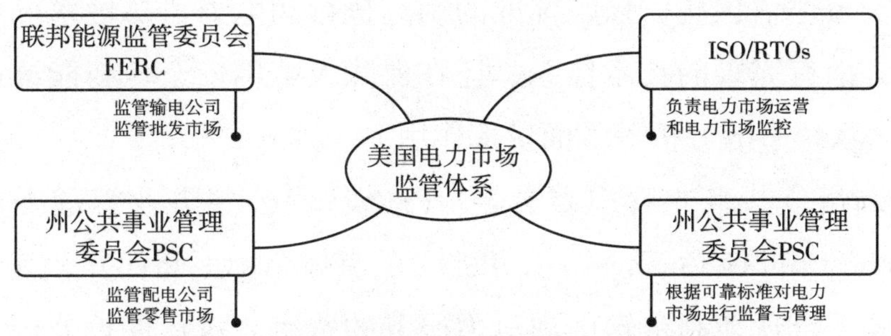

图8-1 美国电力市场监管体系示意图

资料来源：《美国电力市场监管体系与监控机制》。

联邦能源监管委员会（FERC）。联邦能源监管委员会是美国能源部的一个独立机构，负责美国境内州之间的电力传输监管，但并不涉及电力零售市场监管，此外还监管天然气、石油、水电等领域。在电力行业，联邦能源监管委员会主要负责规范各州电力交易中的电力传输和批发销售（如颁发ISO/RTO牌照）、审查电力公司并购和公司交易、审查电力输送项目的选址申请、通过强制性可靠性标准保护州际高压传输系统的可靠性、监督和调查能源市场、通过实施民事处罚和其他手段来执行联邦能源监管委员会监管要求、监管电力公司的市场行为等。为确保联邦能源监管委员会作为监管机构的独立性，美国总统和国会无权审查联邦能源监管委员会的决定，联邦能源监管委员会的决定只能由联邦法院审查。

◎ 北美电力可靠性公司（NERC）。美国电力可靠性管理国际领先，并于2005年依法纳入政府监管范畴，由联邦能源监管委员会牵头实施，具体工作由联邦能源监管委员会授权的全国性可靠性监管组织NERC（除美国外，还负责加拿大电力可靠性管理，由加拿大政府认可并授权）和8个区域性可靠性组织承担。NERC的主要任务是确保电力系统的可靠运行，实现大电网安全，同时在电力安全评估预测、强制标准的制订执行和电力可靠性系统分析方法方面有完善的技术体系，还在保障大电网安全、新能源接入和电力系统事故分析等方面发挥作用。

◎ 州公共事业管理委员会（PSC）。州公共事业管理委员会（Public Utilities Commission，PSC）的具体名称因州而异。其职能是：公平合理地制定辖区内电力服务的费率，执行保护公众安全利益的法规，研究公用事业经营环境，确保用户获得安全可靠的电力服务，并在某些情况下调解公用事业公司与客户之间的纠纷，同时确保电力系统的可靠性。

◎ 独立系统运营商（ISO）/区域输电组织（RTO）。美国十大电力现货市场中，7个集中竞价的电力市场是由联邦能源监管委员会授权的ISO或RTO负责本区域的电力市场运营和监控。独立系统运营商（ISO）源自联邦能源监管委员会在1996年通过的第888号命令，联邦能源监管委员会建议各区域组建独立的系统运行商，将独立系统运营商的概念作为解决电力池紧张的一种方式，以确保其满足非歧视性传输接入要求。之后，联邦能源监管委员会在1999年通过的第2000号法令中，鼓励各区域的独立系统运营商升级为区域输电组织，各区域内的输电公司将输电网交由区域输电组织管理。独立系统运营商需要在向联邦能源监管委员会提出申请并且被批准后，才能成为区域输电组织。区域输电组织对联邦能源监管委员会建立的电力传输网络负有更大的责任，其主要协调、控制和监控其辖区内电力系统的运行，还通过提供公平输电接入，监控该地区的输电网络运行。目前，美国7个区域电力市场中，CAISO、NYISO、ERCOT 3个批发市场的运营商为独立系统运营商，PJM、MISO、ISO-NE、SSP 4个批发市场的运营商为区域输电组织。

（2）美国电力期货市场建立了有效的监管体系

美国商品期货交易委员会（Commodity Futures Trading Commission，CFTC）是美国政府的一个独立机构，主要负责监管商品期货、期权和金融期货、期权市场。美国商品期货交易委员会的任务在于保护市场参与者和公众不受与商品和金融期货、期权有关的诈骗、市场操纵和不正当经营等活动的侵害，保障期货和期权市场的开放性、竞争性的和财务上的可靠性。按照美国1974年《商品交易法》[①]的定义，“商品”为“未来交付合约涵盖的所有货物和物品，服务、权利和利益”，因此美国商品期货交易委员会的监管范围自然也包括电力期货和电力期权。

随着2010年《多德—弗兰克法案》赋予美国商品期货交易委员会监管场外衍生品市场的权力，原先豁免监管的电力场外衍生品的交易逐渐向场内转移（例如ICE于2013年将现金结算的包括电力在内的能源场外合约转换为能源期货合约，开始在场内交易[②]），实物交割的电力场外合约也大部分转向场内清算（例如ICE

① 1974年《商品期货交易监管委员会法案》修改了《商品交易法》中商品的定义，修改之前，“商品”仅限于《商品交易法》明确列出的农产品。

② ICE公告（2013年9月25日），https://www.theice.com/otc-energy/advisory-notices。

要求通过在其NGX平台达成的电力场外合约均在场内清算），美国商品期货交易委员会对电力衍生品的监管权逐渐从场内期货和期权，扩展到场外远期、掉期等。

由于美国电力现货区域交易平台的金融输电权（FTR）等产品具有远期交割的衍生品特性，而推出FTR交易的ISO/RTO市场本身由美国联邦能源监管委员会，因此美国商品期货交易委员会和联邦能源监管委员会就电力衍生品监管产生了监管冲突。例如联邦能源监管委员会就巴克莱银行在2006年至2008年期间在电力现货市场和场外市场进行跨市场操纵进行处罚时，巴克莱声称其行为不在联邦能源监管委员会的管辖范畴，应由美国商品期货交易委员会执行监管职责。经过多年的争论，美国商品期货交易委员会于2013年3月宣布同意联邦能源监管委员会延续其对ISO/RTO市场的监管，而美国商品期货交易委员会对ISO/RTO以外的期货及衍生品交易负有监管责任。这一裁决充分考虑了电力市场的特殊性和专业性，同时也明确了美国商品期货交易委员会和联邦能源监管委员会的监管边界。

8.2.6　对中国电力期货市场发展的启示

从美国电力现货市场和期货市场发展历程、现状特点、相互关系来看，电力现货的市场化改革是期货市场发展的前提，期货市场发展则为电力现货市场提供了风险管理工具。

（1）美国电力期货成功的基本条件

第一，以政策法规先行，推动电力市场化改革。美国的电力改革开始于20世纪70年代，改革开始的标志是颁布《能源法》允许企业建立电厂并出售电力给地方公用事业公司，促进发电市场自由化。之后又陆续在1992年出台了新的能源政策法案，同意放开电力输送领域，并要求在电力批发市场引入竞争。Mega-NOPR提案以促进输电服务的开放，继发电领域市场化后，又形成了输电现线路公用化，电力零售市场的全面公平竞争。1991年发布促进成立区域输电机构（RIO）的第2000号法令，随后在2002年又颁布了“标准电力市场设计”法案，这个法案的目标是提供公平、开放的输电服务和电力市场设计标准。2005年美国国会颁布了《能源政策法》，小布什政府签署《能源政策法案2005》，重申推进电力改革的国家政策。2006年至今，美国又出台多项法规调整和完善电力市场化改革。由此可见，美国的电力市场化改革以政策法规的出台为重要着力点，从发电到配电到输电推动整个电力体制的改革。

第二，构建一体化电力现货交易模式。虽然电能市场处于核心地位，但是一个运转良好的电能市场必须考虑到电能交易、辅助服务及输电系统的密切耦合关系，在市场设计时给予一体式考虑，这一市场模式称为一体化模式。一体化模式具有深厚的理论基础，在实践中被PJM等电力市场多年的成功运行所证明。首先，美国一体化市场包含日前市场和实时市场两级能量市场，分别出清和结算，因此也称为分级结算体系。二是两级市场都执行节点边际电价（LMP），包括能量价格、阻塞费用和网损费用3个部分。三是引入虚拟节点的概念。由于美国电力市场普遍应用边际节点电价（LMP）机制，电价被割裂至成百上千个节点上，与之相配套的中长期市场若没有针对性设计，其流动性将十分堪忧。为解决这一问题，电力界定义了被称为“交易枢纽”（Trading Hub）的虚拟节点[①]，以此作为中长期合约的结算节点，分别在场内、场外

① 一般性做法是挑选出受阻塞影响较小的一系列节点，且分别授之以固定权重，进而计算得到具代表性的加权平均价格。

市场引入金融输电权（Financial Transmission Rights，FTR）和位置基差互换（Locational Basis Swaps），以便于对冲中长期合约结算节点与现货结算节点间因阻塞而出现的价差风险。

第三，引入金融输电权。金融输电权本质上是套期保值金融工具，通过预先购买注入和输出节点间的输电权，获得分配相应节点间阻塞收益分配的权利，是产权的收益权形式。通过金融输电权对冲阻塞费用，将阻塞盈余分配给输电权所有者，可以维护市场公平，同时为电网投资提供价格信号引导，是一种普遍使用的阻塞管理和输电使用费计费方式。

（2）对于中国电力市场体系建设的启示

第一，电力现货市场以电力现货和金融输电权等场外衍生品交易为主，电力期货市场则提供电力期货和期权交易以及场外衍生品清算。

美国电力现货平台在建立初期即具备电力现货和场外衍生品（如金融输电权）两种交易模式，但并不涉足标准化的电力期货交易。因为按照美国《商品交易法》的规定，电力期货、期权等场内衍生品必须在美国商品期货交易委员会监管的期货交易所上市交易。虽然2010年《多德—弗兰克法案》出台后美国商品期货交易委员会与联邦能源监管委员会就电力场外衍生品产生了监管冲突，但从2013年明确监管分工——即“由联邦能源监管委员会监管ISO/RTO市场的所有现货和FTR、双边等场外衍生品、由美国商品期货交易委员会对ISO/RTO以外的期货及衍生品交易进行监管”可以看出，美国电力现货市场始终聚焦电力现货交易的主业，未涉足期货和期权业务，其提供的场外衍生品交易主要为电力现货交易的参与者提供双边协商的风险转移工具。中国电力现货和期货市场建设，不可避免地涉及电力场内和场外衍生品的交易和监管，鉴于衍生品的高风险特性，有必要在市场体系设计时厘清电力现货和衍生品市场，特别是电力场外衍生品领域的监管责任，以明确市场发展预期并防范监管套利。

第二，现货市场启动市场化改革并通过竞价机构形成公开透明的现货价格，是建立电力期货市场的前提。

电力行业的市场化改革推动了电力现货市场的形成，美国电力期货交易与其电力现货价格市场化改革几乎同步推出，经过25年的改革发展，电力现货和期货市场的交易规模不断增长，产品类型和市场主体结构日趋丰富。但是，从美国电力现货和期货的交易产品条款可以看出，期货市场交易仅在合约期限上提供了具有期货特色的交割期限要素（如年度、月度、日度合约），而在其他条款方面对现货价格具有较强的“依赖性”。例如，期货标的仅覆盖充分竞争的七大ISO/RTO市场而不涉及以双边交易为主的其他区域，均采用基于ISO/RTO市场提供的价格进行现金结算而不组织实物交割，严格按照ISO/RTO市场现货区域划分上市对应的细粒度产品。这些都说明，电力期货市场诞生和发展的前提，是电力现货市场已启动市场化改革并通过竞价机制形成公开透明的价格。

第三，电力期货是电力现货市场参与者转移化解价格波动风险的必要工具，能有效提升现货市场运行效率和质量。

随着电力现货市场化改革的深入，电力现货价格波动不可避免。加之电力供需实时平衡性要求以及电力供应不能规模储存等特点，电力价格波动更加剧烈，从而使电力市场参与者面临着巨大的价格风险。[①]虽然美国电力批发市场也提供金融输电权等中长期衍生产品，但其拍卖次数少、参与主体受限、转让效率低，并不能满足大范围风险管理需求。而电力期货市场提供丰富期限结构（年度、月度、日度）的标准化衍生工具，为各类金融机构和中小投资者表达市场观点和参与电力投资提供平台，充裕的流动性也吸引大量电力现货企业在该市场进行套期保值，电力期货成为平抑电力现货价格波动风险的重要工具，进一步提升了美国电力现货市场的效率和质量，形成了期现协同发展的格局。

第四，要构建场内场外相结合的多元化的电力衍生品工具体系，更好地发挥服务实体经济作用。

虽然电能市场处于核心地位，但是一个运转良好的电能市场必须考虑到电能交易、辅助服务及输电系统的密切耦合关系，在市场设计时给予一体式考虑，这一市场模式称为一体化模式。一体化模式具有深厚的理论基础，在实践中被PJM等电力市场多年的成功运行所证明。同时，积极探索引入金融输电权。金融输电权本质上是套期保值金融工具，通过预先购买注入和输出节点间的输电权，获得分配相应节点间阻塞收益分配的权利，是产权的收益权形式。通过金融输电权对冲阻塞费用，将阻塞盈余分配给输电权所有者，可以维护市场公平，同时为电网投资提供价格信号引导，是一种普遍使用的阻塞管理和输电使用费计费方式。

8.3 澳大利亚电力期货发展经验

在大洋洲国家中，只有澳大利亚上市了电力期货。2002年9月，

① 例如2000年美国加州电力危机即因缺少完善的电力远期、期货等衍生风险规避机制，使价格剧烈波动进而造成巨大经济损失。

澳大利亚悉尼期货交易所（SFE）和新西兰输电公司下属D-cypha公司联合推出电力期货。同年10月，澳大利亚证券交易所（ASX）也推出了电力期货。2006年，ASX收购SFE，电力期货合约统一合并至ASX。

8.3.1　基于部分高度市场化的电力市场逐步发展期货市场

澳大利利亚期货市场成功的重要经验之一就是基于部分高度市场化的区域电力市场也能建立期货市场。

（1）澳大利亚电力现货市场是分区域逐步改革的

澳大利亚是全球较早开启电力市场化改革的国家之一，且按照市场化改革程度不同，形成了运行机制各异、互不联通的多层次的市场体系。具体如下：

一是20世纪90年代前，以州为单元的高度独立的垂直一体化垄断经营。19世纪末，澳大利亚电力建立了由各州政府运营、管理的电力行业。每个州的电力市场都由一个或者两个政府所有的公司垂直一体化垄断经营，包括成本和利润回报率在内的电价也由州政府制定，州与州之间几乎没有电力交换。虽然电力垄断经营有利于价格稳定、减少市场波动带来的风险，但是这种价格稳定也导致市场效率下降、价格过高和企业冗员等问题。到20世纪80年代，高度独立、垄断经营的电力市场使发电、供电和输电成本过高，以及消费者对电力服务的不满。

二是20世纪90年代后，国家通过改革建立起了多元竞争的电力市场体系。1991年5月，澳大利亚工业委员会发布《电量的生产和分配报告》，拉开了澳大利亚电力市场化改革的序幕。澳大利亚电力市场化改革主要是将垂直一体化的电力工业纵向拆分，改组为独立的发电、输电、配电和零售4个部分，使它们在竞争性市场上自主经营，并减少对电力工业的行政干预；全面放开发电和零售供电业务，实行自由竞争，缓解电力季节性供应和电价波动性难题；对输电、配电业务实行政府管制下的垄断经营。通过引入竞争，澳大利亚整个电力工业形成了向市场化方向发展的格局，电价从以政府管制定价为主逐步过渡到以市场定价为主。

三是电力市场由3个相互独立市场化程度不同的区域市场组成。澳大利亚电力系统分为东南部、西部和北部三个电网，电网之间相距上千公里，没有输电线连接。

◎ 市场化运行的国家电力市场。东南部电网覆盖澳大利亚的新南威尔士州（NSW）、维多利亚州（VIC）、南澳大利亚州（SA）、昆士兰州（QLD）和塔斯马尼亚（TAS）等5个行政州和1个首都特区，5个州之间通过州际500kV联络线互联组成一个大的电力市场，南北跨度达5 000公里，是世界上最长的交流电力系统之一。澳大利亚东南部电网，也被称为澳大利亚国家电力市场（National Electrical Market，NEM），于1998年12月投入运行，经过超过20年的运行和完善，已经成为世界上最成熟的现货电力市场之一。该市场按行政州划分为5个定价地区，也称为价区，其中，首都特区包含在新南威尔士州价区内，用电量约占全国85%，是澳大利亚最主要的电力市场。

◎ 国有公司主导的西部电网和北部电网。西部电网包括西南电网和西北电网，主要位于西澳大利亚州，价格形成机制与国家电力市场不同，也被称为批发电力市场（Whole Sale Electricity Market）。西澳大利亚电网是个西南互联系统（SWIS），在批发电力市场（WEM）中运行，装机容量6GW，以煤、天然气、燃油发电为主，电网体量较小。目前，西澳大利亚电网虽然已经打破了垂直一体化模式，但发电、输配电、售电等各环节仍由国有公司主导。在西部电网中，电能交易通过合同方式进行，实时平衡机制和容量信用市场由独立市场机构运行；在零售侧，只有年消费量50兆瓦时以上的用户才有权选择供应商，而居民和商业用户的零售电价则由州政府监管。北部电网，指北领地电网，地处澳大利亚北部，是个传统的高度独立的垂直一体化电网。目前，西澳大利亚州和北领地未与NEM电网连接，是两个独立运行的市场。

（2）适应电力市场化改革节奏逐步引入金融衍生品工具

在现货市场开始运营后，为有效规避现货价格波动风险，澳大利亚逐步引入了金融性电力衍生品合约，发展壮大了其期货市场。目前，电力期货市场是澳大利亚能源类期货的核心。

一是电力远期市场。澳大利亚电力衍生品从远期合约起步，且电力远期合约通常采用电力差价合同形式，很多研究称其为价差合约。但从衍生品市场的角度看，电力远期合约本质是一个互换市场，这可以从电力差价合同的形式看出。澳大利亚电力差价合同包括单向与双向两种类型，单向的差价合同具体包括交货时市场价格高于协议价格时，购买方以市场价交易价，发电商补差价；如果市场价低于协议的价格，买方以市场价买入且不需支付差价。当交货时的市场价格低于协议价时，发电商仍以市场价结算，此时买方需要支付差价给发电商，而当市场价高于协议价时，发电商以市场价卖出且不需支付差价。电力远期合约虽然有利于发电商和零售商更充分的交流信息，在某种程度上活跃了国家电力市场，但由于其流动性弱、合同履行状况差，增加了电力交易所的不确定性，其功能作用受到制约。

二是电力期货市场。为克服电力远期合约存在的问题，2002年9月澳大利亚悉尼期货交易所（SFE）和新西兰输电公司下属的D-cypha公司在悉尼期货交易所联合推出了澳大利亚电力期货。同年10月，澳大利亚证券交易所（ASX）也推出了电力期货。由此形成了两家交易所长期竞争的局面。但澳大利亚悉尼期货交易所的电力期货在市场竞争中明显占据优势，比澳大利亚证券交易所的电力期货活跃很多。2006年，澳大利亚证券交易所收购了悉尼期货交易所。收购后，各自的电力期货可以同时在两个交易所进行交易。

截至2021年8月，澳大利亚共上市35个电力期货合约、10个期权合约，其中期货合约已经涵盖维多利亚、新南威尔士、昆士兰和南澳等定价区域，其交易电量规模约为现货市场的两倍。

8.3.2 基于市场化的电力现货定价区开发设计电力期货产品

澳大利亚电力期货产品设计开发主要基于国家电力市场（NEM）按行政州划分为5个定价地区进行设计。

（1）AEMO运营的市场化的国家电力现货市场

国家电力市场由澳大利亚能源市场运营商（Australian Energy Market Operator，AEMO）负责，其职能包括市场成员注册与管理、电力市场管理与运行、电力系统安全性保障等。AEMO是个会员制机构，不拥有电网资产，经营不以营利为目的，也不向会员分红。从市场参与成员看，AEMO市场参与者包括发电商、输电商、配电商、零售商或大用户，他们都是经过注册的市场参与者。从市场运行管理看，AEMO将发电资源划分为可调度、准调度和不可调度3类，而用户负荷侧则根据是否可以调度，将用电负荷分为可调度负荷与不可调度负荷，前者报价购电，参与市场竞争出清，后者则不参与。所有可调度单元都需要安装相应的通信设备。同时，在国家电力市场，部分接入高压网络的工业大用户可以不由售电公司代理，而直接参与市场交易，并承受现货价格波动风险。

第一，电能量市场。国家电力市场是个现货市场，不考虑市场成员的中长期交易，现货市场采取“日前预测出清+实时平衡”的市场模式。从电力市场交易关系的性质看，国家电力市场是个强制性的电力库，是由交易调度机构AEMO代负荷招标采购的批发市场模式，用户侧不参与报价，这与美国、欧洲等电力市场采用的基于平衡机制的双侧市场交易模式有很大的不同。

一是日前预出清。与欧美等国家不同，澳大利亚没有日前电力市场。根据市场运行规则，在日内实时市场运行之前，所有的发电厂及部分负荷要在每日中午12:30左右提交次日全天的竞价，AEMO根据发电企业报价（多轮）用电负荷预测以及电网运行状态，集中竞价确定第二天电力市场的出清方案，这一过程称为预调度或预出清（pre-dispatch）。电力现货市场报价以24小时为周期，30分钟为间隔，全天形成48个出清价格。电厂和负荷提交报价之后，还可以随时更改其报价（只能修改出力），AEMO会根据负荷预测及报价变化，迭代更新市场出清方案，直至日内实时市场运行前5分钟。预出清机制的目的是为市场参与各方提供信息并优化其市场报价策略，同时该机制也有助于AEMO的系统运行和市场运营工作。与美国、欧洲等市场的双结算机制不同，预出清结果不参与结算。

二是实时市场，也称“日内市场”。AEMO组织的市场出清，本质上是求解一个包含网络安全约束的多时段直流最优潮流问题。澳大利亚电力规则规定了市场的最高现货价格和最低现货价格，并允许报负价。在实时市场中，每5分钟为一个调度间隔，最后中标机组的投标价为出清价格，半小时内6个价格的平均值用于结算。通常现货价格在30~60澳元/兆瓦时之间。澳大利亚国家电力市场的价格运行机制如图8-2所示。

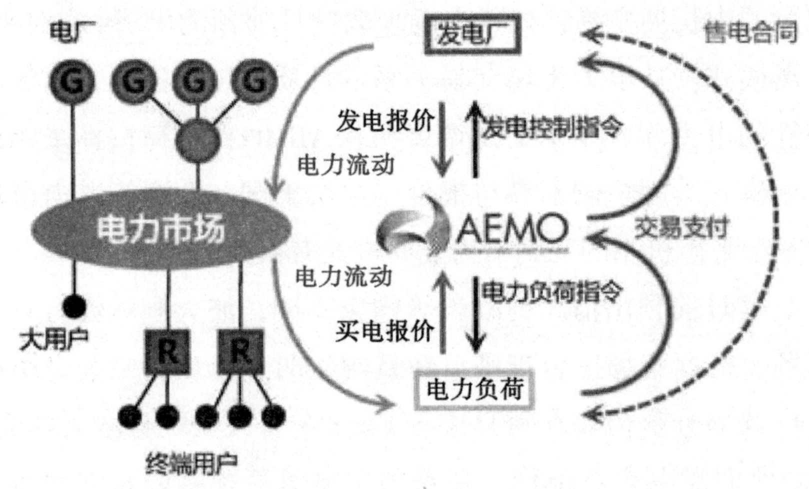

图8-2 澳大利亚国家电力市场中的报价与定价

三是分区定价机制，也称“价区电价机制”。当国家电力市场系统出清时，每个价区选取一个参考节点，以结算周期内（每30分钟）该参考节点的出清价格（每5分钟）的加权平均价格作为对应的区域电价，区域内其他各节点的价格由参考节点的价格乘以对应的损失系数得到。

第二，辅助服务市场。调频辅助服务市场是实时市场的一部分，与电量市场一同出清，分为修正用调频和恢复用调频两类。其他辅助服务，如调压、调载、黑启动等，由AEMO负责向市场成员购买，采用中长期协议的方式。

第三，零售市场。零售市场的运行是售电公司将从国家电力市场上购买的电力供给给终端消费者的过程。在国家电力市场，所有用户可以自由选择零售商，其中，维多利亚州和南澳州的零售电价不受监管。目前澳洲最大的4个电力零售公司分别为AGL、Origin、Energy Australia和Alinta Energy。其中Energy Australia为香港中电独资企业，而Alinta Energy则为周大福所有。四大零售公司均有自己的发电资产被称为“gentailer”。

第四，其他交易方式。除了实时交易的现货市场，澳大利亚电力市场还有零售公司签订的电力合约（PPA）、大型企业直供电协议（RESA）以及政府为发展新能源而签订的电力价格差价担保合约（CFD）。其中，大型企业签订的合约RESA分为两部分，一部分是与发电商签订的直接供电协议，另一部分是与电力零售公司签订的协议，后者主要是为发电商无法满足企业用电时由电力零售公司为企业提供的部分。政府合约（GPA）一般为CFD，政府通过市场竞标的方式决定中标价，中标者将获得政府按照其中标价给予的价格担保。即：当市场现货价格高于中标价时，超过部分需要返回政府；低于中标价时，政府给予补偿。

此外，澳大利亚不存在电容量市场，国家电力市场发电容量的充裕性完全依靠现货市场的电能量稀缺价格信号来调节和保障，而这一价格信号由发电主体的报价形成。也就是说，发电主体报价可以远高于可变成本，从而反映电力稀缺的机会成本。

（2）ASX 基于国家电力市场设计了电力期货市场

澳大利亚电力期货都在澳大利亚证券交易所（ASX）上市交

易，合约标的主要是电能量价格，现货标的覆盖澳大利亚国家电力市场和新西兰电力市场两大市场，其产品具有以下特点：

一是期货合约标的主要挂钩四个电力价区市场，根据标的资产分为实时峰荷和基荷。澳大利亚证券交易所电力期货合约主要以国家电力市场中的新南威尔士州（NSW）、维多利亚州（VIC）、南澳大利亚州（SA）和昆士兰州（QLD）4个价区，以及新西兰电力市场（NZ）的奥塔胡和本莫尔的电能量价格。期货合约的标的价格有实时峰荷电价和实时基荷电价，且以基荷电价为主，基荷电价期货合约占比超过70%。

二是根据期货合约价格有无限制分为无价格限制期货合约和封顶（CAP）300美元合约。根据价格限制类型，澳大利亚电力期货合约可以分为无价格限制期货合约和封顶300美元的期货合约，以无价格限制期货合约为主，封顶300美元期货合约仅占上市期货合约总数的23%。封顶300美元期货合约主要对应场外市场交易的300美元封顶差价合约，可以理解为是一个300美元/兆瓦时基荷电价的上限期货合约。

三是电力期货合约期限分为月度、季度以及一种特殊的strip期货合约。根据期货合约期限，澳大利亚电力期货合约可以分为月度、季度以及Strip 3种合约，且以季度和Strip合约为主。月度期货合约数量仅占期货合约总数的10%，成交量少活跃程度较低。Strip期货合约标的为一个财务年度（每年7月至次年6月）或一个日历年度（每年1月至12月）内的连续4个季度，以每个季度交易电量占比为权重，计算的现货加权平均价格。

四是澳大利亚期货交易所还上市了电力期权和日历价差期货。除了挂钩电力现货市场的期货合约，澳大利亚期货交易所还上市了电力期权合约，这些期权合约标的全部是基荷电力，合约期限为季度合约和Strip型合约，没有月度合约。澳大利亚场内交易的电力期权都是欧式期权。其中，Strip期权合约标的为Strip期货，价内Strip期权到期时，可通过行权转换为对应财务年度或日历年度的连续4个季度期货合约。同时，澳大利亚期货市场还上市了月度日历价差期货。

五是电力期货合约以现货市场的价格为依据进行结算和交割。澳大利亚电力期货合约的交割均采取现金结算方式。其中，基荷期货以合约覆盖时段内每半小时的平均现货价格进行结算，峰荷期货以合约覆盖时间内每个工作日 7:00~22:00 的每半小时的平均现货价格进行结算。以月度基荷期货为例，合约的结算日一般设定在合约到期后的第4个工作日，以保证ASX有充足的时间完成结算准备工作；结算价格为合约期内现货市场中每半小时的基荷现货价格的算术平均数。合同到期后的第1个工作日公布的现金结算价格称为“临时现金结算价格”，合约到期后的第3个工作日公布最终的现金结算价格。在合约到期后的第4个工作日，由澳大利亚证券交易所按照第3个工作日公布的现金结算价格，对所有到期未平仓的合约进行结算。

8.3.3　澳大利亚电力建立了集中统一的市场监管体系

（1）建立了集中统一的电力现货市场监管体系

为适应日益深化的电力市场化改革与发展，澳大利亚电力市场监管体系进行了国家层面上的整合，相关的监管主体包括：澳大利亚政府联席委员会（COAG）、澳大利亚能源市场委员会（AEMC）、澳大利亚竞争和消费者委员会（ACCC），其监管机构为澳大利亚能源监管局（AER）。

- 澳大利亚政府联席委员会（Council of Australian Governments，COAG）。澳大利亚政府联席委员会主要负责国家涉及电力生产改革发展的重要决策的制定和重大事务的管理。

- 澳大利亚能源市场委员会（Australian Energy Market Commission，AEMC）。澳大利亚能源市场委员会全权负责制定及完善作为电力市场运行规则的《国家电力规则》，促进电力市场发展。能源市场委员会在行使法律赋予职权时必须遵循政府发布的国家能源政策方针和电力行业宗旨。《国家电力规则》是关于电力市场、电力系统、市场主体、用电服务的法规。在制定及完善《国家电力规则》过程中，澳大利亚能源市场委员会可以与其他相关机构、政府部门、专家委员会等进行协商以及授权方式制定相关规则。《国家电力规则》可采用已有的行业规范、技术标准、从业条例、业务程序等。

- 澳大利亚竞争和消费者委员会（Australia Competition & Consumer Commission，ACCC）。澳大利亚竞争和消费者委员会是监督执行澳大利亚《竞争与消费者法案》，促进市场竞争与公平交易的联邦法定机构。澳大利亚竞争和消费者委员会监管各行各业市场交易的竞争行为，在发电侧市场的执法权主要有核准发电公司并购，调查市场主体反竞争行为，如串谋操纵电力价格或商议分配市场份额。2018年，为适应电力市场发展及能源改革带来的变化，在财政部指示下，澳大利亚竞争和消费者委员会开始对国家电力市场的电力供应价格、利润和利润率进行长期公开调查，并实施2018~2025年电力市场监测项目。

- 澳大利亚能源监管局（Australian Energy Regulator，AER）。

根据澳大利亚《国家电力法》，澳大利亚能源监管局负责监管澳大利亚电力现货市场。澳大利亚能源监管局的监管对象包括市场主体、电网公司和发电侧市场的交易机构等市场主体，执法权限源于所有与电力行业相关的法律法规。能源监管局可授权执法人员在合理的理由情况下向地方法院申请搜查许可，在获得批准后按照执法程序搜查并封存相关证据。能源监管局在调查涉嫌违法违规行为后，有权直接给予罚款处理或起诉涉事公司或个人。

（2）形成了有效的电力期货市场监管体系

澳大利亚电力期货市场监管依据的法律法规、执行监管的主体以及职能，具体如下：

一是电力期货市场由澳大利亚证券和投资委员会（Australian Securities and Investment Commission，ASIC）基于法律进行监管。澳大利亚证券和投资委员会是澳大利亚金融衍生品市场的主要监管机构。根据澳大利亚利金融市场监管框架，澳大利亚证券和投资委员会根据《2001 年公司法》和《2001 年金融服务改革法案》对金融市场进行监管，《2002 年公司法》修正案将内幕交易法和预期证券及股票相关期货的披露原则扩展至电力衍生品合约。因此，电力衍生品也归澳大利亚证券和投资委员会进行监管。同时，根据公司法规定，场外市场电力衍生品的参与者也要获得澳大利亚金融服务许可或豁免。

二是市场主体参与电力期货交易要遵循澳大利亚会计准则委员会（AASB）的标准。在澳大利亚，期货市场的参与参与电力期货的交易还必须遵守澳大利亚会计准则委员会颁布的标准。特别是，AASB 139 规则要求公司的套期保值安排要通过有效性测试以符合套期会计的资格。该标准还概述了财务报告义务，例如衍生品投资组合的市场估值，并要求金融衍生品重估以可观察市场价格为基准，并根据嵌入信用违约风险进行调整。

三是澳大利亚期货市场相关产品得到美国商品期货交易委员会（CFTC）的批准。根据澳大利亚证券交易所披露的信息，期货交易所上市交易的所有电力期货和期权合同均经过了美国商品期货交易委员会（CFTC）的批准。这说明，澳大利亚的电发力期货产品设计运行等符合美国商品期货交易委员会的标准，也说明了其产品上市等间接接受了美国商品期货交易委员会的监管。

8.3.4 电力期货市场推动了现货市场的发展

澳大利亚电力期货市场助推了电力现货市场的发展，是其成功的重要原因。

一是削弱了现货市场主体对市场的操控能力。原本澳大利亚现货市场中的发电商对整个电力市场的交易有较大的控制力，甚至能够操纵电价。引入期货后，市场参与者更加多元化，减少垄断现象。此外，电力期货市场的存在也在一定程度上限制了国家电力市场中澳大利亚能源市场运营机构（AEMO）和国家电力市场管理公司（NEMMCO）的市场操纵力，因为他们不能直接干预期货交易，只可结合当期所持有的期、现货头寸合理安排电力市场调度。

二是电力市场信息更透明交易流动性更好。一方面，受监督的市场运营商可以通过电力市场真实投标价和招标价的一致性，进行独立的每日期货合约价格重估。另一方面，澳大利亚证券交易所通过Reuters、Bloomberg等渠道发布市场的实时价格，实现了实时价格的透明。

三是有效降低了电力现货市场价格的剧烈波动。引入电力期货后，电力市场参与者可以按自己满意的价格自主选择购买期货合约，还可以根据期货合约交易量及价格，较准确地判断未来某时刻电力的供需状况，从而作出相对理性的选择，降低电价波动性。

四是增加了市场信用减少了违约行为。期货交易机制极大增强了交易的组织性，规范了交易行为，尤其是期货市场的保证金制度和中央清算极大提升了市场了信用，降低了市场交易者的违约行为，有效弥补了远期合约市场的不足。

8.3.5 对中国建立电力期货市场的启示

一是澳大利亚电力市场化改革以国家电力市场为主，启示我们高度市场化的区域市场也能建立期货市场。从澳大利亚电力市场构成看，澳大利亚电力市场化改革按照人口资源密度不同形成了市场化程度不同的国家电力市场、批发市场和传统的高度垄断的市场，市场化的电力市场为国家电力市场。从国家电力市场内容来看，国家电力市场的市场化主要集中在零售侧，交易市场上的交易竞争主要集中在发电侧，发电企业在国家电力市场均衡价格形成中起主导作用，并形成了以日内实时出清为主的电价出清机制。自由竞争的电力市场化机制是电力期货市场建立的基础，澳大利亚电力市场、期货市场的发展说明部分区域市场化的电力现货市场也能发展期货市场，且期货市场基于部分的电力现货市场也能发挥较好的作用。

二是澳大利亚电力现货、远期、期货市场发展演进的逻辑，启示我们要统筹好现货与期货市场的建设。从澳大利亚电力市场化改革过程看，其电力市场改革、现货市场、远期合约、期货市场四者之间存在着层层递进的逻辑演绎关系。电力市场化改革催生了电力现货市场，现货市场运行带来的价格波动问题通过远期合约解决，远期合约问题通过期货市场解决。澳大利亚期货市场上市的电力价区合约、价差合约等期货合约类型也深受远期、现货市场交易的影响，与现货市场密切联系。因此，我国在电力市场化改革初期可以提前筹划期货市场建设，统筹推进电力市场化改革、现货市场与期货市场建设方案，实现电力市场协调发展。

三是要根据电力金融衍生品与现货市场联系的不同类型形成多层次的电力衍生品组织交易体系。根据我国相关制度的要求和限制，标准化的期货产品只能在按国务院期货监督管理机构等审批或批准的期货交易场所进行。但对于非标准化合约，可以由电力交易机构组织交易或进行场外交易。对此，我国电力交易机构可以通过入股或共同设立子公司的形式，与投资银行、期货公司等金融机构合作推出场外期权、电力指数ETF等OTC电力金融衍生品。而对于与电网物理联系紧密的金融衍生品种，如电力金融输电权，一般仅面向电能量市场的市场主体，若推出此类产品时，由现货市场运营机构组织更为合适。

8.4 日本电力期货发展经验

日本电力市场是正在向市场化自由化方向转型中的市场，日本电力期货市场建设于2013年正式提出，但正式运行却在2019年，与日本电力市场建设相比相对滞后。目前，日本电力期货市场正处于建设之中，其发展路径、经验教训值得我们借鉴思考。

8.4.1　日本电力期货市场源自分阶段逐步市场化的电力改革

（1）分阶段逐步实施的电力市场化改革

日本电力市场发展经历了由高度垄断为主向自由竞争的发展转变，目前各项市场化改革措施正在推进，具体为：

一是电力体制改革前，以“发输配售”垂直一体化电力公司为核心的分区域垄断经营。第二次世界大战后，日本形成东京电力、关西电力、中部电力、九州电力、东北电力、中国电力、四国电力、北陆电力、北海道电力、冲绳电力十大区域电力公司，每家电力公司在各自经营区域内建立了一个集发电、输电、配电、售电于一身的三部门垂直一体化的企业，实行“成本加成”的政府定价模式，实际上形成了地区垄断格局，被统称为“十大电力体制”。十大电力公司为战后日本的经济建设输送了高品质的电力，为经济增长作出了巨大贡献。进入20世纪90年代，由于日本的电价水平普遍高于欧美国家，因此日本开始讨论如何在电力产业引入市场竞争的问题。

二是实施电力体制改革，放松政府管制，创造竞争环境，推动电力市场自由化。从日本电力市场的改革过程看，其主要经历了以下两个轮次和阶段，具体为：

第一轮（1995~2011年）电力市场化改革。第一轮改革从1995年起，经过四次电力体制改革，实现了发电侧部分的市场化，放开了特高压和高压输电领域的市场交易，但电力行业的竞争水平仍然偏低。具体为：一是在发电环节引入竞争。1995年日本修改了《电气事业法》，在发电领域引入独立的电力事业者（IPP），引入了竞争。二是逐步放开售电侧。1999年第二次修改《电气事业法》，引入特定规模电力企业，规定从2000年3月起，允许符合条件的约8 000家用电2 000千瓦大型工厂、百货商店等特高压用户，实行零售电自由化。2003年第三次修改《电气事业法》，扩大零售电自由化范围，2007年零售电自由化范围覆盖50千瓦以上用户。三是建立电力批发市场和加强监管。2003年，创办日本电力交易所（JEPX）。日本电力交易所主要开展现货交易及长期合同交易，形成并公布电力批发交易价格信号，建立有助于电力企业进行电源投资判断的机制以及为整个电力企业调剂余缺提供交易平台。成立输配电中立规制机构（ESCJ）。2007年4月，日本电力行业委员会审查电力市场的完全自由化，审查的最终决定是推迟电力市场化的改革，其理由是进一步的自由化不大可能使用户受益。于是2008年7月日本出台的第四次电力体制改革方案中并没有修改《电气事业法》。从总体看，到2011年，日本电力市场自由化的范围涵盖了大约60%的总电力需求。

第二轮（2011年至今）电力市场化改革。2011年的东日本大地震和福岛核事故导致关东地区不得不采取大规模计划性停电措施，充分暴露了日本“诸侯割据”式电力体制的弊端。对此，日本开始了新一轮电力体制改革，新一轮电力体制改革提出“保持电网环节中立性”，要求十大电力公司实施内部发、输配、售3个环节法人分离的目标。如对东京电力进行重组，成立了东京电力燃料与电力公司、东京电力电网公司、东京电力能源合作伙伴公司3家子公司，分别从事发电、输配电、电力零售业务。2013年4月，日本政府通过《关于电力体制改革的方针》，正式开启日本第五轮电力体制改革进程。这一阶段主要目标和内容是：2015年4月设立推动全网跨区调度的“电力广域运营推进机构”（OCCTO）；

2016年4月实现6 000伏以下低压市场的自由化，全面放开售电市场；2020年4月实现一般输配电企业（系统运营商）采用控股公司或子公司的形式与其母公司实现法定脱钩。

（2）电力市场化改革推动了电力期货市场的建立

与日本电力市场化改革相比，日本电力期货市场建设提出时间虽然较早但正式落地运行却经历了较长的时间，到2019年才正式推出电力期货交易。

2013年2月，日本政府首次提出建设日本电力期货市场的构想。日本经济产业省（METI）的电力系统改革专家小组委员会报告首次提出，鉴于电力批发市场交易量较小，电力公司在购电时面临较大的价格波动风险，特别是一旦日本电力零售市场全面开放和电价放松管制后，预计市场各方对电力期货交易的需求将迅速增长，建议在《日本商品衍生品法》（Commodity Derivatives Act）中加入电力品种，为电力期货交易提供法律基础。随后，日本政府在2014年6月24日内阁批准的《日本振兴战略（2014年修订稿）》中明确提出，政府将在包括电力期货在内的能源期货市场方面取得快速稳定进展。

2015年3月，日本电力期货市场委员会成立并启动电力期货市场建设。在启动日本电力体制改革第二阶段的背景下，日本经济产业省（METI）于2015年3月6日成立电力期货市场委员会（Council on Electricity Futures Market）。该委员会由电力公司、电力消费者、金融机构和商品交易所构成，旨在研究和讨论日本电力期货市场运作的理想框架。随后，该委员会在2015年3月至7月间召开了5次会议，讨论了期货交易清算大纲、电力批发交易市场结构和现状、价格波动风险对冲以及海外电力期货期货案例，电力期货市场定价机制、与期货交易所合作以及防范投机资金市场操纵等问题。

2015年7月，日本电力期货合约要素基本确定并启动仿真交易。电力期货市场委员会于2015年7月6日发布了电力期货市场创建指南[①]，明确由东京商品交易所（Tokyo Commodity Exchange，TOCOM）推出集中交易的标准化的现金结算日本电力期货。2016年4月日本电力零售市场全面放开后，日本电力现货市场——日本电力交易所（JEPX）成交量在日本用电需求中占比上升至1/3。与此同时，在2015至2017年间，TOCOM开始电力期货的仿真交易。

2019年9月，日本电力期货首次在东京商品交易所（TOCOM）上市交易。随着日本电力市场改革加速，日本电力交易所现货价格影响力上升，日本电力现货市场的价格波动也在加大。2019年7月由于夏季气候炎热，日本电力交易所现货价格一度飙升至100日元/千瓦时以上，创历史新高。在此背景下，日本经济产业省（METI）批准东京商品交易所（TOCOM）于2019年9月17日推出4个日本电力期货，挂钩日本电力交易所发布的东京（Tokyo）、关西（Kansai）两地的基荷和峰荷电价，最长合约期限为13个月，以满足电力市场参与者日益增加的电价风险对冲需求。

2020年5月，首个由境外交易所运营的日本电力期货在欧洲能源交易所（EEX）上市交易。欧洲能源交易所（EEX）于2020年5月18日进入日本电力市场，推出36个日本电力期货合约，同样挂钩日本电力交易所发布的东京、关西两地的基荷和峰荷电价，但期限覆盖年、半年、季、月、周多种类型。

① https://www.meti.go.jp/english/press/2015/pdf/0706_02b.pdf。

2021年1月，芝加哥商业交易所（CME）宣布加入日本电力期货市场竞争，但尚等待监管机构批复。CME集团于2021年1月表示，计划于2021年2月8日推出以日元计价的现金结算的日本电力期货，与欧洲能源交易所在日本电力期货市场展开竞争。但截至2021年9月底，芝加哥商业交易所日本电力期货尚未正式推出。

8.4.2 日本电力期货从交易数量大活跃度高的现货市场起步

（1）东京和关西的日前市场是日本电力交易最为活跃的市场

第一，京东和关西市场是日本电力现货交易量大的市场。日本电网较为特别，分为频率不同的东、西两大电网，每个电网以电力公司为主又被划分为不同的区域市场，实行相对独立自主的运行。其中，西日本电网的电网频率为60赫兹（Hz），由中部电力、北陆电力、关西电力、中国电力、四国电力和九州电力等6家电网公司，以及冲绳电力公司组成；东日本电网系统频率以50赫兹（Hz）为主，由东京电力、东北电力、北海道电力3家电力公司组成。北海道电力系统有容量60万千瓦、250千伏的高压直流（HVDC）海底电缆与架空输电线所组成的“北本联线”跟本州岛的东北电力系统连接。

日本的东部电网和西部电网通过一个换流站间接连接，先变成直流再逆变成交流，是个凭背靠背换流站连接不同频率的电网。通过背靠背换流站，东西两个电网连起来。但是，这种方式的联网导致两个电网之间的互相支持能力只有120万千瓦。

第二，日前批发市场是电力现货交易最活跃的市场。日本电力交易主要有以长期合同为主的“长协”市场、以交易所为代表的批发交易市场两种市场类型，以及2017年后开始推进建设的新电力市场，具体如下。

一是长期合同交易市场。日本电力公司、零售商与电厂之间的购售电主要是以长期合同为主，这些合同在电厂建成后就是确定的，短期和临时交易占比相对较小。

二是交易所批发交易市场。日本电力批发交易主要集中在成立于2003年的日本电力交易所（JEPX），其主要职能是为各电力企业调剂余缺提供交易平台。交易方法是通过互联网在计算机系统上进行电力交易，交易对象是现货电能，参加者为发电厂和向用户进行零售的批发商或者受这些厂商的委托代理人。经过多年培育，现已形成以日前市场为主，包括日内市场、远期市场以及场外公告牌市场的电力交易体系。近年来，日本电力批发市场现货交易量节节攀升，从2016年4月1日完全放开售电业务之初的现货交易电量占总电力需求的比重的2%，提高到2020年1月至2月的30%~36%，交易电量由当初的0.5亿千瓦时快速增至7亿~9亿千瓦时，这也改变了中长期合约一统天下的局面，主要市场类型有：

日前市场。日本日前市场成立于2005年4月1日，是对第二天要交割的电量以每30分钟为一个单元进行的交易，全天共进行48个时段交易。交易方法是单一价格竞价的方式，该方法是将每个卖家、买家的竞标曲线汇总，两个曲线的交点决定中标价格和数量；交点左侧的竞标全部成交，右侧的不成交。日前市场能够及时响应每天电力需求波动，维持供求平衡，目前日前市场价格已成为整个日本电力市场的重要风向标。2012年至2018年间，日前市场交易电量年均增加75.2%。2019年度交易电量为2 925亿千瓦时，同比增加40%以上。2020年1月以来，日前市场价格波动开始增大，波动区间为0.01~17日元，2月23日10:30~15:30交易时段竟然出现了0.01日元的极端低价现象。

日内市场。日内市场成立于2009年5月，是日前市场关闭后对发电、用电计划进行微调的交易平台，全天也被分割为48个交易时段。日内市场交易受电网传输容量约束，采用价格优先、时间优先的连续竞价交易模式。2012~2018年日内交易电量年均增长达到38.5%，2019年全年交易量为21.4亿千瓦时，其中2019年第四季度交易量为6.8亿千瓦时，平均价格为8.18日元/千瓦时。

远期市场。远期市场成立于2009年4月，是以此后一年内的电能为交易对象的市场，交易方式为双方议价方式。交易产品包括年度、月度、周等不同交割周期（从运行前的3年至3天），以及白天型和24小时型不同交易时间段的5个电能量交易品种。2018年8月，为增加远期市场的流动性，政府将市场交易范围分割为东日本和西日本两个板块。尽管如此，2012年至2018年远期市场交易电量还是呈现不断下降态势，年均增长率为-12.3%，2019年第四季成交量为7 242兆瓦时。

公告牌市场。公告牌市场也称自由合约市场，是交易所交易成员通过互联网在电子公告牌上自由发布和获取买卖信息的交易市场。这一市场适合小规模的发电企业以及自备电厂参与交易，售电价格、数量、条件不限，通过邮件或交易网站自由设定，一般由交易所中介撮合成交。

三是新建设的电力市场。2017年2月，日本提出新电力市场建设方案，如图8-3所示，新电力市场设计理念改变了传统电力市场统一以千瓦时体现价值的体系，明确将电力价值区分为kW价值（容量价值）、kWh价值（度电价值）和ΔkW价值（平衡服务价值），并分别设计了与这些价值相对应的新电力市场，并陆续开启了非化石价值交易市场（2018年5月）、间接输电权市场（2019年4月）、基荷电力市场（2019年8月）、容量市场（2020年7月）、供需调节市场（2021年4月），目前正在向统一大电力市场的建设目标迈进。需要强调的是，这些市场的交易刚刚开始，尚未在电力市场交易中发挥有效作用。

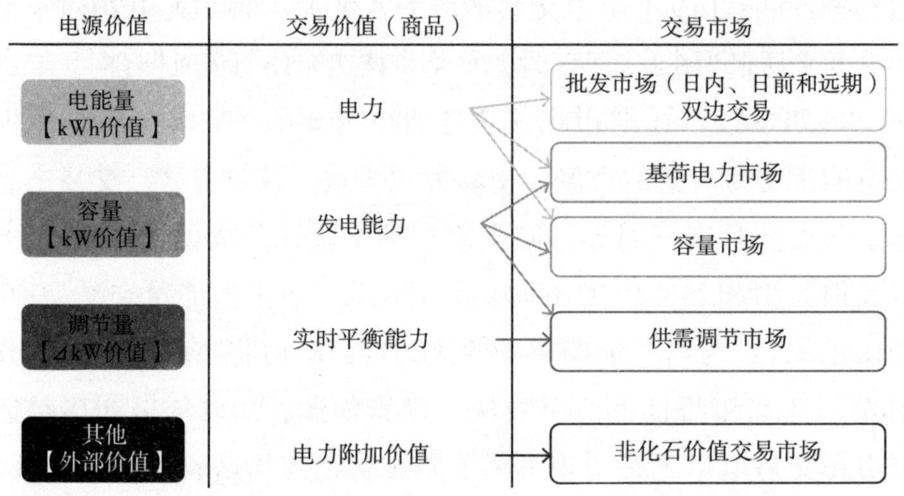

图8–3 日本新电力市场建设方案示意图

资料来源：周杰：浅析当前日本电力体制改革与市场建设新形势，人民政协网（rmzxb.com.cn），2020.6。

（2）电力期货产品主要基于东京和关西现货市场

日本电力期货合约均挂钩日本电力交易所发布的东京或关西地区的日前价格，且进一步细分为基荷电价和峰荷电价。虽然日本电力交易所发布了日本10个区域的日前电价，但由于东京和关西分别是东部和西部两个电网中现货交易量最大的区域，因此东京商品交易所和欧洲能源交易所上市电力期货时，均推出挂钩这两个区域的电力期货合约。根据日本电力交易所发布的每个区域的每30分钟价格，基荷电价以全天24小时均价为基准、峰荷电价以早8点至20点均价为基准，对应有4种现货标的，即东京基荷、东京峰荷、关西基荷、关西峰荷。

一是东京商品交易所电力期货合约。东京商品交易所上市的4个电力期货合约分别为东部基荷合约、东部峰荷合约、西部基荷合约和西部峰荷合约。其中东部指东京地区，西部指关西地区。

标的时段划分方面，分为基荷和峰荷，基荷时段为全天00∶00~24∶00，峰荷时段为工作日的8∶00~20∶00。交割期限方面，均为月度合约。交易单位方面，功率规格为100kW。交割方式方面，合约均为现金结算，结算价为标的时段内现货市场的电价均值。东京商品交易所有月度限仓要求。对于基荷合约，商业和投资信托公司持仓不得超过10 000手/合约月，其余投资者不得超过5 000手/合约月；对于峰荷合约，商业和投资信托公司持仓14 000手/合约月，其余客户不超过7 000手/合约月。

二是EEX日本电力期货合约。欧洲能源交易所上市的电力期货合约包括东京地区基荷合约、东京地区峰荷合约、关西地区基荷合约和关西地区峰荷合约。标的时段划分方面，分为基荷和峰荷，基荷时段为全天00∶00~24∶00，峰荷时段为工作日的8∶00–20:00。交割期限方面，欧洲能源交易所上市周、月、季度、季节、年合约。周合约至多对应当前及之后的4周，月合约至多对应当前及之后的6个月，季合约至多对应之后的7个完整季度，季节合约至多对应的之后的4个完整季节，年合约至多对应的之后的6个整年。关于季节合约，日本惯例将一年分为两个季节，十月至三月为冬季，四月至九月为夏季。交易单位方面，功率规格为1兆瓦。

8.4.3 期货产品体系和机制满足市场主体的不同需求

期货市场提供了多样化的产品和交易机制满足主体需求，这是日本电力期货市场发展的重要经验。

一是不同期货交易所推出的电力期货合约期限结构不同，满足了不同投资者需求。虽然东京商品交易所和欧洲能源交易所推出的日本电力期货的现货标的相同，但在合约期限结构上却差异较大。东京商品交易所日本电力期货提供连续15个月的月度合约，这与东京商品交易所交易所其他的商品期货的期限结构安排类似。而欧洲能源交易所上市的日本电力期货的期限结构与欧洲能源交易所上市的其他欧洲电力期货类似。具体来看，欧洲能源交易所日本电力期货提供未来6年的年度合约，每年9月底或3月底到期的连续4个半年度合约，未来7个季度合约，6个月度合约，4个或5个周度合约（依当月日历周个数而定）。对比而言，东京商品交易所仅为投资者提供未来15个月以内的风险对冲工具，远低于欧洲能源交易所提供的对冲工具期限。

二是欧洲能源交易所建立了不同期限期货合约间的转换交割机制，而东京商品交易所仅有月度合约无须转换。欧洲能源交易所上市的日本电力期货，采取了欧美成熟电力期货市场的合约转换交割机制，即年度合约在临近到期时自动将投资者的持仓量平均分为4份，形成4个季度期货合约持仓，其中最近的1个季度合约直接转换为3个月度合约持仓。与之，季度期货合约在临近到期时自动转换为3个连续的月度合约，但月度合约和周度合约并不适用这一转换机制。而东京商品交易所电力期货因为只有月度合约一种期限类型，因此不存在合约转换的问题。

三是东京商品交易所和欧洲能源交易所的电力期货均为现金

结算合约，方便了投资者的参与。早在2015年7月电力期货合约设计之初，日本电力期货委员会即指出，“考虑到电力输送限制，基于日本电力期货进行实际电能的转移并无必要，且采用现金结算有利于风险对冲者，包括金融机构参与该市场。为有效应对合约临近到期前价格剧烈波动及市场操纵的担忧，期货合约将以日本电力交易所现货价格的月度平均价格作为期货交割结算价”。因此，东京商品交易所电力期货为现金结算合约，欧洲能源交易所遵循国际惯例也以现金方式结算欧洲能源交易所电力期货。

四是东京商品交易所日本电力期货合约规模是欧洲能源交易所日本电力期货的1/10，投资者参与更加便利。东京商品交易所上市的日本电力期货合约规模为100千瓦时，即1手月度合约对应的电量为“该月份的天数 ×24小时/天 ×100千瓦时/手”。而欧洲能源交易所日本电力期货合约规模则为1兆瓦时，即1手月度合约对应的电量为“该月份的天数 ×24小时/天 ×1兆瓦时/手”，是东京商品交易所合约的10倍。如此来看，东京商品交易所电力期货合约的参与门槛更低。

8.4.4　日本电力期货建设采取了竞争和国际化的发展策略

日本电力期货市场建设采取了本土与国际相结合、产品上市自由竞争的发展策略。截至2021年8月，日本电力期货同时在东京商品交易所和欧洲能源交易所两家交易所上市。由于两家交易所上市电力合约的标的相同，仅合约期限和合约规模有所不同，因此两家交易所的合约存在较强的竞争性和相互替代性。具体如下：

（1）东京商品交易所（TOCOM）

东京商品交易所（TOCOM）的前身是成立于1952年的东京纤

维交易所，是日本最大的商品期货交易市场。但是在2019年9月17日电力期货市场上市前，东京商品交易所已经连续四个财年亏损，并于2019年10月由日本交易所集团（JPX）收购成为其子公司。目前，除电力和原油外，东京商品交易所的贵金属、橡胶和农产品期货合约，均已转移至JPX集团的另一个子公司——大阪交易所（Osaka Exchange）。

东京商品交易所推出日本电力期货后，为提高电力期货市场流动性，应对欧洲能源交易所上市日本电力期货带来的挑战，于2020年10月在东京电力基荷和峰荷合约上引入做市商制度，希望通过做市商的连续报价等为投资者提供更多交易机会。从上市至2021年9月，东京商品交易所的电力期货共成交23 324手，相当于63 230太瓦时。在此期间，东京商品交易所上市的4个电力期货中，东京基荷、东京峰荷、关西基荷、关西峰荷成交量占比分别为57%、21%、12%和10%，呈现基荷高于峰荷、东京高于关西的特点（见图8-4）。

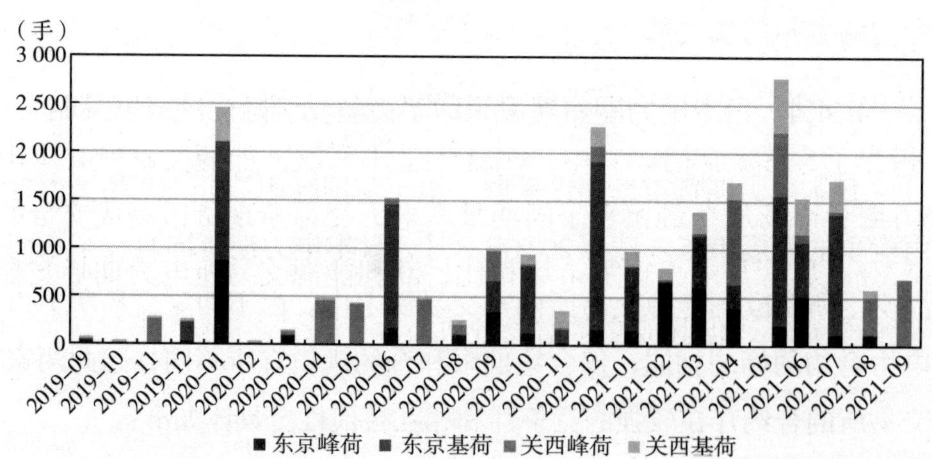

图8-4 东京商品交易所电力期货推出以来的月度成交量

资料来源：东京商品交易所官网。

（2）欧洲能源交易所（EEX）

欧洲能源交易所（EEX）是欧洲最具影响力的电力现货和期货交易平台，依托其强大的电力衍生品运营经验，欧洲能源交易所一直密切关注日本电力市场改革进程，筹划在日本电力期货市场获得市场份额。2020年5月18日，欧洲能源交易所推出欧洲能源交易所日本电力期货，涉及东京、关西共36个合约。需要说明的是，欧洲能源交易所并非以欧洲能源交易所亚洲分部（EEX Asia）[①]的名义推出这些合约，而是以其欧洲能源交易所欧洲电力衍生品平台的名义将欧洲能源交易所日本电力期货集成到统一的电力衍生品平台，作为其众多区域电力衍生品体系的组成部分。

欧洲能源交易所不仅与亚洲本土经纪公司（如Nissan Securities、GFI、Ginga和Tradition Singapore等）签订清算协议，更积极拓展国际市场，与荷兰银行、法国巴黎银行等合作引入国际客户。目前德国、法国、瑞典、丹麦、美国、英国、新加坡等国均有客户参与欧洲能源交易所日本电力期货交易。欧洲能源交易所电力期货自2020年5月推出至2021年8月底，共成交4 282手，相当于5.18太瓦时。其中，2021年上半年欧洲能源交易所日本电力期货市场成交量相当于同期日本电力交易所现货市场成交量的2.3%。尽管与电力现货市场相比，欧洲能源交易所电力期货交易量仍然很小，但其成交量增长较快。

① EEX Asia Pte Ltd是EEX集团在新加坡注册的交易平台，已获得新加坡金管局（MAS）授予的认可市场运营商（RMO）牌照，主要提供货运和航运期货合约交易。

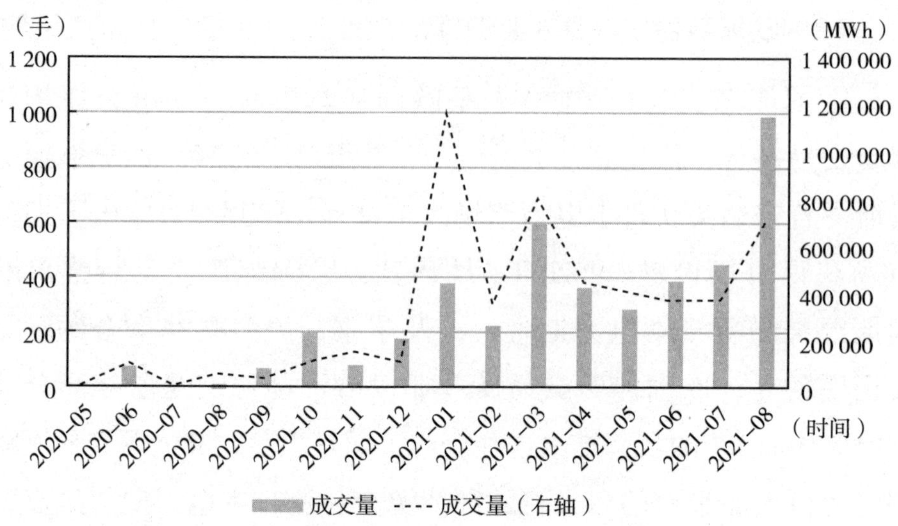

图8–5 欧洲能源交易所电力期货推出以来的月度成交量

资料来源：欧洲能源交易所官网。

8.4.5 日本电力期货市场形成了国内国际相结合的监管体系

由于日本电力期货分别在东京商品交易所和欧洲能源交易所两家交易所上市，而两家交易所分别在日本和德国注册，因此面临不同的监管环境。

（1）东京商品交易所和欧洲能源交易所的日本电力期货均由经济产业省（METI）基于日本《商品衍生品法》进行监管

目前日本证券期货市场按品种所属范围分别由不同的部门监管，即证券、金融期货、期权由金融厅和证券交易监督委员会监管；商品期货和期权业务由经济产业省（METI）和农林水产省（MAFF）监管。具体到电力衍生品，由经济产业省（METI）监管。经济产业省的电力期货市场委员会（Council on Electricity Futures Market）为东京商品交易所推出电力期货进行了早期探索，而经济产业省工业构造委员会下辖的商业流通情报分会的商品期货交易子委员会则负责具体监管。

日本商品衍生品市场的上位法是《日本商品交易法》（Commodity Exchange Act of Japan），已于2011年1月1日起修订并更名为《日本商品衍生品法》（Commodity Derivatives Act of Japan），其适用范围从仅限日本境内扩展至日本境内、离岸市场以及场外商品衍生品交易。因此，经济产业省基于《日本商品衍生品法》对日本电力期货市场的监管，既包括东京商品交易所这种境内交易所，也包括欧洲能源交易所这样上市挂钩日本日本电力交易所现货指数的境外期货交易所。

（2）欧洲能源交易所日本电力期货还受到欧盟金融法规和监管机构的约束

欧洲能源交易所作为一家注册于欧盟成员国德国境内的交易所，其推出的日本电力期货虽然挂钩日本电力现货价格，但在接受日本国监管约束的同时，也需要受到欧盟金融法规和监管机构的约束。在期货产品层面，欧洲能源交易所日本电力期货与欧洲能源交易所平台的欧洲国家电力期货均需满足欧盟《金融工具市场监管（MiFIR）》《金融工具市场指令（MiFID Ⅱ）》等的要求；在交易所层面，欧洲能源交易所需满足《欧洲市场基础设施监管（EMIR）》等监管要求。同时，由于欧洲能源交易所推出的日本电力期货的现货标的为日本电力交易所（JEPX）的现货指数，欧洲能源交易所还按照《欧盟基准监管法规（EBMR）》的要求，将日本电力交易所发布的东京、关西指数认定为受监管数据（Regulated Data）。

8.4.6 对中国期货市场发展的启示

（1）日本电力市场是市场化转型中的市场，启示我们引入竞争，培育市场，对电力市场发育至关重要

日本电力市场是正在由以垂直一体化电力公司为核心的分区域垄断经营转向市场化的自由竞争。日本电力市场化的发展在于竞争机制的引入，目的是形成发电、输配电、销售等环节的充分竞争。目前代表性的是售电侧的全面放开竞争。电力市场的竞争需要对应交易市场的建设，同时，市场的建设也要适应电力市场改革发展具体内容，这从日本电力市场交易机制和交易产品类型的发展过程可以看出。电力市场的改革发展需要有效的组织和管理，日本电力市场的监管机构设置和监管内容与日本电力市场的运行密切相关，呈现出渐进变化特点，但目前监管重点依然是推进和执行市场化改革的相关举措，这与欧美市场有很大的不同。这启示中国期货市场的建设要与现货市场的改革发展相协调。

（2）日本电力期货发展经历了曲折过程，启示中国电力市场体系建设要在政府组织下有序进行

从2011年提出最初构想到2019年在东京商品交易所成功上市，日本电力期货经历了漫长曲折的过程。但不容置疑的是，日本电力期货始终是日本政府电力体制改革计划的组成部分。随着现货市场改革路径的逐步清晰，特别是设定2016年日本电力零售全面放开的目标后，以日本经济产业省电力期货市场委员会成立为标志，日本电力期货在2015年内完成了制度框架和合约条款的设计并启动仿真交易。但是，日本政府表示“将根据现货市场的数量，决定授权电力期货合约上市的时机，以防止对电力稳定供应产生不利影响”，因此直到2019年东京商品交易所才选择两个地区试点推出电力期货。随着欧洲能源交易所和芝加哥商业交易所等境外大型交易所介入日本电力期货市场，为尚在萌芽期的日本期货市场带来新的不确定性，日本电力期货市场的远期发展尚待观察。这启示中国政府电力市场化的改革发展步伐与期货市场建设密切相关，期货市场建设要在政府组织下有序进行。

（3）日本电力现货和电力期货的监管形式和依据特点，启示中国期货市场要接受金融监管法律的约束

由于日本金融市场的监管权相对分散，证券现货、金融衍生品、商品衍生品分属不同部门监管，客观上形成了电力现货和电力期货均由经济产业省监管的现实。但是，经济产业省对电力细分市场的监管，需要依据不同的上位法，即电力现货市场由《电气事业法》约束，电力期货市场由《日本商品衍生品法》约束。因此，日本在2013年提出建设电力期货市场构想之初，即强调要在《日本商品衍生品法》加入“电力”品种，而并未考虑过由现货市场日本电力交易所上市电力期货的方案。经济产业省明确要求在传统的期货交易所（东京商品交易所）上市该品种，且为电力期货设计了与其他商品期货类似的限仓、熔断等交易规则。需要说明的是，虽然日本电力交易所推出电力期货缺乏上位法支撑，但日本电力交易所通过向期货市场提供用于电力期货现金结算的现货价格指数，依然对东京商品交易所电力期货形成影响。

8.5 国际电力期货市场发展经验对中国的启示

通过分析全球主要国家电力期货市场发展，可以得出以下对中国电力期货市场发展的经验与启示。

8.5.1 国外电力期货合约主要特点

（1）全球主要电力期货市场的合约为区域性合约

电力传输受电网限制和距离影响，在交割和结算方式上与其他商品存在较大差异。经过20多年的探索，目前全球电力期货市场主要以区域性合约为主。美国电力期货合约按区域可以分为PJM、MISO、ISO New England Mass、NYISO、ERCOT和Western Power（加州）6个区域；欧洲的电力期货主要包括北欧、荷兰、比利时、德国和英国等；澳大利亚期货合约涉及4个地区，即新南威尔士、维多利亚、南澳大利亚和昆士兰；日本电力期货合约主要针对东京和关西现货市场。

（2）期货合约大小与期限挂钩，月度、季度合约最为活跃

按照交割期限长短分类，电力期货合约可以分为日度、周度、月度、季度和年度合约。美国上市的电力合约以日度、月度和年度合约为主，其中以月度合约最为活跃，单位为5兆瓦。以日度峰荷合约为例（美国以7:00~23:00为高峰），一手合约为5兆瓦×16小时=80兆瓦时；月度峰荷合约（以每月22个工作日为例），一手合约为5兆瓦×16小时×22天=1 760兆瓦时。由于每月的实际天数不同，每月合约的大小也不同。欧洲上市的电力合约以日度、周度、月度、季度和年度合约为主，以季度合约最为活跃，单位为1兆瓦。澳大利亚包括月度合约、季度合约，以季度合约最为活跃，单位为1兆瓦。日本电力合约为100兆瓦时。新加坡包括月度合约、季度合约，以季度合约最为活跃，单位为0.5兆瓦。

（3）期货合约标的与电力市场消费时段挂钩，非峰荷、基荷最为活跃

由于电力商品在用电高峰期电价波动远高于其他时段，因此按照交割时段分类，电力期货合约分为峰荷、非峰荷和基荷等。美国按照峰荷（Peak，16小时/天）、非峰荷（Off-peak，除峰荷以外的时段）分类，其中2016年非高峰期合约交易量占96%。欧洲、澳大利亚和新加坡按照基荷（Base load，24小时/天）、峰荷（Peak）分类，以基荷合约成交最为活跃。

（4）期货合约标的主要聚焦实时、日前市场，实时合约和日前合约都能活跃

由于电力现货市场的日前市场价格与实时市场价格波动幅度存在差异，因此合约设计需要按实时和日前进行区分。美国期货市场同时包括日前和实时两种合约，实时合约较日前活跃；欧洲期货市场以日前合约为主；澳大利亚日前市场为预结算市场，期货市场主要以日内合约为主；日本日前现货市场最为活跃，期货日前交易也相对活跃。

（5）电力期货合约主要采用现金结算交割方式

由于电力商品在储存和运输上存在诸多不便，因此目前全球主要期货交易所电力合约大部分采用现金结算。纽约商业交易所（NYMEX）在1996年最先推出的两份合约为实物交割，但由于不活跃已退市，目前全部合约均采用现金结算。英国伦敦国际石油交易所（IPE）2000年开始引入电力期货交易，均为实物交割，但由于流动性较差，2002年取消了该期货合约，2004年再次引入了现金结算方式的期货合约。欧洲、澳大利亚、日本、新加坡等国电力合约也是以现金结算为主，尤其是欧洲，在进行现金结算的同时还推出了实物交割或期转现的交割方式。

（6）期货现金结算价参考电力交易中心的现货价格，节点价格合约比区域价格合约活跃

全球主要电力期货市场的现金结算普遍采用与电力交易中心价格挂钩的交割方式。美国PJM电力期货合约的现金结算价格参考电力交易中心（PJM Interconnection，LLC）在合约月份所相应时段提供的节点价格（LMP）的算术平均值；欧洲Nordic电力期货现金结算价格参考Nord Pool交易平台的系统价格（Elspot System Price）；澳大利亚电力期货最终结算价由现货市场决定（The Wholesale Electricity Market）；新加坡电力期货结算价格由新加坡统一能源价格（USEP）每半小时节点价格的算术平均值决定。其中，美国电力期货合约设计采用节点价格（LMP），交易量远高于欧洲采用区域性系统价格（System Price）的合约。

（7）电力期货通常有年度、季度、月度合约和日度合约转换交割机制

由于电力无法储存，因此月度合约在交割期需要将持仓量平均到每日进行交割和结算。在实际操作中，美国和欧洲电力期货市场存在一定差异。美国电力期货市场设计了月度合约和日度合约的转换机制。纽约商业交易所（NYMEX）的每一个月度合约都有一个日度合约相对应，1份月度合约持仓到期后自动转化为20多份日度合约。例如，N9月度合约到期后根据持仓量转为20多份日度合约，转化后按照日度合约规则继续进行交易和结算。欧洲的月度合约则直接平均到每月30天进行预交割，所以其月度合约称为平均月度合约（Average Rate Month Future）。欧洲的年度、季度合约到期后可以转换成月度。

8.5.2　国际电力期货市场发展经验的启示

第一，一定程度和规模的市场化电力现货市场是建立期货市场的基础。

从国外电力期货市场发展历程看，电力期货市场都是在现货市场由高度垄断定价向市场化定价改革的过程中推出的，且与现货市场化定价改革基本同步。从澳大利亚、日本等国家电力期货市场发展的经验看，电力期货市场建设既可以基于部分区域电力市场的自由化，也可以基于售电侧、供给侧的等部分环节的市场化；既可以基于日前调度市场的自由化，也可以基于日内调整市场的自由化；既可以基于价格自由波动的自由化，也可以如欧洲、澳大利亚一样，基于一定价格波动区间的自由化。总之，只要有一定规模的自由化的电力市场，电力期货就有发展基础。

第二，要充分发挥电力交易机构和期货交易所在电力期货市场建设中的优势。

期货交易所是电力期货市场发展的关键，期货交易所在期货产品开发和市场管理方面具有优势，而具有现货背景的期货交易所，则在期货合约的现货基准管理、期转现实物交割、投资者宣传服务等方面有优势。从国外发展历程看，电力期货既可以在已有期货交易所上市如美国、澳大利亚、日本等，也可以由电力现货交易所独立运行期货交易功能，甚至也可以像欧洲一样推出新的交易场所类别“有组织的交易设施”（Organised Trading Facility，OTF）运行必须实物交割的电力期货。同时，电力期货既可以通过国内的交易所上市，也可以通过引入境外期货交易所加快本国电力期货的发展。

第三，要积极发展与现货市场联系的多层次电力衍生品市场体系。

建立与标准化电力期货市场相协同的场外衍生品市场是期货市场功能作用有效发挥的重要支持。从境外电力衍生品发展过程看，电力市场体系发育具有现货、远期、期货等发展演进的逻辑，电力远期、互换等在电力期货市场发展中发挥着重要作用，与电力期货市场形成了统一的多层次市场体系。同时，电力场外期权、电力指数ETF等OTC电力金融衍生品，在境外电力衍生品市场中发挥了重要作用，建立场内场外相结合的多元化的电力衍生品工具体系，是有效发挥期货市场功能作用的重要保障。

第四，要推动形成合理的投资者结构有效发挥电力期货作用。

合理的投资者结构既是期货市场功能作用发挥的前提，也是有效服务实体经济的重要保障。有效运行的电力期货市场结构不仅要有电力现货市场供需两端企业的积极参与，而且还要有一定数量的小规模投资者，以及互换交易商和管理基金等金融市场中介。电力期货合约规则设计要便利电力现货企业的参与，也要为其他各类投资者表达市场观点和参与电力投资提供机会，从而为电力现货企业进行套期保值提供必要流动性。要设计合理的限仓规则和合约期限结构，确保市场参与主体有效合理。

第五，电力期货推出后要加强流动性建设更好发挥功能作用。

电力商品在储存和运输上存在诸多不便，如果采用实物交割，交割过程的不确定性可能会影响投资者参与的积极性。纽约商业交易所（NYMEX）在1996年最先推出的两份合约为实物交割，但由于不活跃已退市，目前全部合约均采用现金结算。英国伦敦国际石油交易所（IPE）2000年开始引入电力期货交易，均为实物交割，但由于流通性较差，2002年取消了该期货，2004年再次引入了现金结算方式的期货。澳大利亚、新加坡和日本的电力合约也是以现金结算为主。针对流动性不足的问题，纳斯达克、新加坡等交易所在推出电力期货不久后，引入了做市商。

第六，完善的电力衍生品监管体系是期货市场有序运行保障。

有效的市场监管是期货市场有序运行的保障。从全球各主要国家期货市场监管体制看，除欧洲极少数在OTF市场“必须实物交割”的电力期货作为“非金融工具”受到欧洲能源现货监管体系的监管外，全球电力期货合约主要被作为“金融工具”受到本国金融监管体系的监管。部分国家如澳大利亚、日本的部分电力期货合约，除了受本国金融监管部门的监管外，还受到美国商品期货交易委员会（CFTC）的监管。同时，各国都在加强期货与现货市场的联通监管，强化电力现货和期货市场监管机构的协调，防范监管套利，维护期货市场的公正公允。

第9章

我国电力期货合约的特殊设计

9.1 我国电力期货合约不同期限合约转换机制设计

9.1.1 境外电力期货交易不同期限合约转换机制经验

由于电力商品无法储存且供需应瞬时平衡，为适应电力大批量交易需求和企业的中长期交易习惯，境外部分交易所推出“长短交割期限合约转换机制”（Cascading Process），较长期限的电力期货合约在最后交易日结束后可以转换成期限更短的合约继续持有交易，以便于买卖双方根据自身供需情况，及时对交易电量进行调整。从区域来看，北美地区和欧洲地区部分交易所均采取了“长短交割期限合约转换机制”，但在具体合约转换的设计上，两区域电力期货市场存在一定的差异。

北美地区的纽约商业交易所（NYMEX）近一半月度电力期货合约采取月度合约和日度合约的转换机制，NYMEX和ICE美国年度电力期权合约采取年度合约行权时转化为月度期货合约的转换机制。纽约商业交易所的每一个月度合约都有若干日度合约相对应，1份月度合约到期后持仓自动转化为20多份日度合约。

以阿尔伯塔电力池高峰日历月期货（Alberta Power Pool Peak Calendar–Month Futures）为例，在该月度期货合同月份前一个月倒数第二个交易日，每个月度期货未平仓头寸都会转换为指定的合同月份中的艾伯塔省电力池高峰日历日期货（Alberta Power Pool Peak Calendar–Day Futures）；NEX和ICE美国（ICE Futures U.S）年度期权合约标的为12个月度期货，年度期权合约到期时将自动行权为12份标的期货合约，合约期内每个合约月各1份。

欧洲地区的欧洲能源交易所、Borsa Italiana、Nasdaq Commodities等交易所目前均提供年度合约的转换，主要是将未平仓年度合约头寸转换为相应的季度和月度合约继续交易至到期结算。以欧洲能源交易所为例，欧洲能源交易所的年度合约均为整年度合约（1~12月，不跨年），因此在年度合约到期后（标的年度前一年12月底），未平仓年度合约将被转换成临近的3个月度合约（1月、2月、3月）和3个季度合约（第二季度、第三季度、第四季度）。其中，季度合约到期后未平仓的头寸将被转换成相应的月度合约继续交易至到期结算，月度合约到期后将直接按照标的电价结算，不再继续转换。

大洋洲的澳大利亚证券交易所（ASX）、亚洲的新加坡交易所（SGX）和日本东京商品交易所（TOCOM）等交易所暂未实施不同期限合约转换机制。

9.1.2　我国原油期货不同期限合约转换机制的经验

2018年3月，上海国际能源交易中心原油期货上市，两年多来总体呈现交易平稳、结算流畅、交割顺利的特征。且原油期货挂牌合约根据交割月份远近设计季度和月度两种期货合约。具体来看，我国原油期货挂牌合约为36个月以内的合约，其中最近的1~12个月连续月份合约，12个月以后为季度合约。季末月份时，到期季度合约直接转化为月度合约，例如2020年9月，将2109季度合约直接转换为2109月度合约见表9–1。

表9–1 上海国际能源交易中心原油期货标准合约

交易品种	中质含硫原油
交易单位	1 000 桶 / 手
报价单位	元（人民币）/ 桶（交易报价为不含税价格）
最小变动价位	0.1 元（人民币）/ 桶
涨跌停板幅度	不超过上一交易日结算价 ±4%
合约交割月份	最近 1~12 个月为连续月份以及随后 8 个季月
交易时间	上午 9:00~11:30，下午 1:30~3:00 以及上海国际能源交易中心规定的其他交易时间
最后交易日	交割月份前第一月的最后一个交易日 上海国际能源交易中心有权根据国家法定节假日调整最后交易日
交割日期	最后交易日后连续 5 个交易日

9.1.3 我国电力期货不同期限合约转换机制的考虑

从我国电能量市场的中长期交易规则来看，主要按照年度和月度开展（有特殊需求的，也可以按照年度以上、季度或者月度以下周期开展交易）。因此，如果未来期货合约设计为年度、季度以上的合约，就需要考虑是否将年度合约到期后转换为季度和月度。例如2021年度电量合约（基荷），在2020年12月底到期后，自动分解为4个季度基荷合约或12个月度基荷合约。从电力交易市场规则来看，“日清月结”的模式已被广东、浙江等大部分省份所采用，因此为确保与交易市场的现金流保持对应，期货市场的月度合约到期后，需要分解到每日继续进行交易和结算。例如2021年6月基荷合约，在2021年5月底到期后，自动分解为30个日度基荷合约。

根据国内电力现货市场建设实际，并参照原油期货合约设计经验，建议在国内上市季度和月度两种电力期货合约，挂牌12个月以内的期货合约，其中最近的1~3个月连续月份合约（含临近季度合约转换的3个月度合约），3个月以后为季度合约，并采取远期季度合约转月度合约的转换机制，以更好服务产业客户需求。具体来看，当远期的季度合约到期时，将未平仓头寸转换成相应的月度合约继续交易至到期结算，一方面减少因期限较长导致的电力需求预测偏差较大的问题，另一方面也不过分占用交易所品种资源，减少交易的复杂程度。

9.2　期货交割制度

9.2.1　相关交割制度设计原则

交割顺畅是期现价格回归、期货市场功能有效发挥的重要保障，主要遵循以下三条设计原则：

（1）贴近现货贸易习惯。现货市场是期货市场存在和发展的基础，贴近现货贸易习惯是期货交割制度设计的基本要求。在设计期货交割制度时，充分考虑现货特点，充分贴近现货贸易习惯，保障产业客户的需求。

（2）降低交割成本。期货交割是期货市场与现货市场的结合点，是期货市场功能有效发挥的有效保证。降低期货交割成本，保障期货交割顺畅，是保证交割月份期货价格向现货价格收敛的先决条件。

（3）防范交易和交割风险。防范交易和交割风险是交割规则设计的重要出发点。

9.2.2 电力期货市场物理交割的难点

电力期货合约大部分采用现金结算。由于电力商品在储存和运输上存在诸多不便，因此目前全球主要期货交易所电力合约大部分采用现金结算，只有个别合约采取实物交割。电力期货的现金结算制度，具体指合约电价和实时电价间的结算，现金结算是一种金融性质的合同交割，买卖双方结算期货合同价格和相应的现货合同的平均价格之差（标的物价格）。具体指到期未平仓的合约进行交割时，以结算价计算未平仓合约盈亏，以现金支付的方式了结期货合约的交割方式。对应到电力期货上，电力期货现金交割不需要交割电力，是以与现货交易中心价格挂钩的结算价进行现金结算。

期货是基础的金融衍生产品，电力期货要素主要包括交易对象、参考电价、合约期限、交割方式等。相比实物交割，金融交割具有较大优势，也是国外电力期货普遍采用的交易模式。这种交割方式避免了实物交割的诸多困难，并在不影响期货基本功能发挥的同时，保证了参与者交易的连贯性，降低了市场操纵（逼仓）的可能，从而提升期货合约的流动性。电力期货金融交割的难点在于结算价的确定，确立合理电力区域价格基准是保证期货风险对冲能力的关键。在实践中，应基于对地方电力数据的实证分析，在精准划分电力区域的前提下，设计电价指数，并留出足够的规则调节空间，以保证区域内不同地点参与者利用期货规避风险的效率。

（1）物理交割的基础

从国际上看，个别电力期货采用物理交割。1996年，美国纽约商业交易所（NYMEX）为适应加利福尼亚—俄勒冈边界电力市场（COB）和保罗福德地区电力市场（PV）的快速发展需求，曾设计和推出了实物交割的电力期货合约。2002年，英国伦敦国际石油交易所（IPE）也推出了物理交割的电力期货。目前，在ICE、欧洲能源交易所等期货交易所仍存在部分电力期货可进行物理交割。

2020年7月，国家发展和改革委员会、国家能源局联合印发的《电力中长期交易基本规则》中明确中长期交易采用带曲线的合同，解决了合约如何分解到每日进行物理交割的问题，对未来电力期货物理交割提供了一定支持。

由于电力商品的不易储存、瞬时平衡等特殊性，无法在交割日一次性全部集中交付，造成电力期货物理交割存在较大困难。具体而言，如果采用物理交割，需要将发电厂上网的电量在每天每个时刻与实际消费电量平衡，但是由于电力期货不适合储存且生产消费瞬时同步，从而导致其交割持续在整个交割期，电力需求时刻不断变化的特点对调度持续交割提出了一定的技术要求。

与电力期货相比，金融期货能够在交割期中的任何时刻进行瞬时结算，但是由于电力期货不适合储存且生产消费瞬时同步，从而导致其交割持续在整个交割期。对于一个具体的交易上来讲，电力需求不断变化的特点使不同日期和不同时段的电力生产和消费具有较大的差别，因此通过设计电力期货合约很难真实地反映电力的实际供需变化，这无疑降低了套期保值的功效。此外，电力传输还必须满足网络的约束，这也可能会造成根本无法实现电力期货交割。

（2）物理交割需要现货市场提供的要素条件

第一，有足够的可交割量。电力期货到期交割时，有足够的发用电量可以用于交割（100亿元以上），避免出现交割量不足产生的多逼空事件。

第二，便于组织交割。期货交易所在进行交割匹配后，可以在现货市场进行出清。出清的边界条件需要以期货最后交易日结算价、持仓量为基础。

第三，可标准化。与中长期交易采用的带曲线的合同不同，电力期货需要进一步标准化，有利于更多的投资者参与，提高市场流动性。参考国际经验并结合国内实际情况，可以考虑在峰谷平推出相应的合约。

（3）交割过程中可能存在的风险和问题

一是安全校核风险。一旦出现期货到期交割量过大，影响调度和电网的安全校核，造成大规模停电事故。

二是可交割量不足产生逼仓事件。期货市场永远是钱多于货，因此如果选择标的可交割的电量不足，在临近到期时会出现多逼空事件。类似地，如果用户侧无法接受相应的电量，则会出现空逼多事件（例如WTI原油期货出现的“负油价”事件）。

三是交割违约。由于电力传输存在损耗，可以规定一定量的损耗比例，但是如果发生因电网调度阻塞出现的违约，其违约责任如何界定需要进一步明晰。

四是期现价格偏离。电力期货价格与现货价格的相关性差。由于电力不易储存从而无法进行套利交易，最终使现货价格和期货价格不受套利限制。电力商品所具有的这种不可存储性可能造成两者价格的相关性较差。

五是易出现流动性不足的问题。由于物理交割困难、部分主体的市场力过大等原因，物理交割的电力期货可能出现流动性不足问题。2002年英国伦敦国际石油交易所（IPE）推出的物理交割合约就曾因流动性不足而退市。

9.2.3 电力期货现金交割的可行性及适用性

现金交割主要用于金融期货等期货标的物无法进行实物交割的期货合约。在我国，现金交割主要用于中国金融期货交易所的股指期货，我国商品期货市场暂不允许进行现金交割。采用现金交割而不是实物交割的原因在于，股指期货按照指数权重实物交割成分股票的成本太高，例如沪深300股指期货，其标的物是300只股票，要凑齐那么多股票进行交割，在实际操作并不可行，会严重影响市场效率。即便是采用300ETF作为实物，那也会因为ETF的跟踪误差，带来交割双方的无法匹配。更重要的是，采用现金交割，也能很好地防范杜绝“逼仓”风险，保证了交割时的公平公正。电力期货与股指期货相比，两者具有一定的相似性，即无须期货标的物进行实物交割。

（1）电力期货现金交割概念

现金交割指到期未平仓的合约进行交割时，以结算价计算未平仓合约盈亏，以现金支付的方式了结期货合约的交割方式。对应到电力期货上，电力期货现金交割不需要交割电力，是以与现货交易中心价格挂钩的结算价进行现金结算。

（2）可行性

一是结算标的条件满足：已建成35家电力交易中心，有现货交易的结算价作为期货现金交割结算参考标的。

二是符合交割双方的利益：消除现货品质的争议和不确定性，降低交割成本。

三是符合期货交易所的利益：交割执行更加便利，减少交割风险和交割纠纷。

（3）适用性

一是现金交割可解决实物交割中的难点（电力无法大量储存，区域性较强、输电网线路限制、成本较高）。

二是电力市场化改革全面推进，预计2022年后全面启动现货市场，套期保值者需要风险对冲机制，现金交割能提升套保效率（现金交割能促进期现价格的趋同，降低基差风险）。

（4）现货市场提供的要素条件

第一，完善的现货市场：成熟的现货市场吸引了更多的企业参与，形成市场化定价，使“现货价格充分反映该商品的经济价值，并且不存在明显的价格操纵”具体要考虑现货市场的规模、流动性、参与者的数量，防止因现货市场的交易量和参与者数量少而使期货合约容易被操纵。

第二，可靠且高效的现金交割结算价格指数的编制：“现金交割制度的有效性有赖于是否能够建构一个客观而合适的现货价格指数以作为期货到期交割的结算价格”——指数应有代表性、权威性、公开和易取得性、可靠性、被行业/市场代理人广泛接受。

第三，充分的竞争机制：调动市场各方积极性，提升电力市场效率，实现电力期货市场可持续发展（较多的套期保值参与者起到稳定期货市场的功能）。

（5）交割过程中的风险防范和管理

一是针对部分省区电力市场存在单一发电企业市场份额较高等局部垄断风险，应进一步推进电力市场化改革。

二是针对现货市场价格异常波动而造成期货结算价格指数失去代表性的风险，应持续完善优化价格指数，增加其抗干扰性。

三是如果期货结算价格是由第三方机构提供，期货交易所应当确定第三方机构的商业实践合规，以减少操纵价格的机会和动力，例如锁定、禁止雇员交易衍生品，向公众公布信息源和他们提供的价格等。

四是如果第三方机构，无法按时发布结算价格或者交易所认为必要的场合，交易所可以根据市场情况决定期货结算价。例如，东京商品交易所规定，东部地区基荷电力的发表价格：“在日本电力交易所的现货交易中，作为最终结算日所属月的上个月的各日历日的上午0点到下午12点之间，以在东京地区进行的交割为对象发表的价格。如果不能采取该价格或本公司认为有必要，则以本公司考虑市场情况等决定的价格为准。”

9.3　期现货交易机制衔接

电能不能大规模存储是制约电力市场健康、有序发展的主要因素之一。通过电力期货交易，电力可以被“虚拟”地存储，这说明期货交易可提供类似于其他可存储商品的某种事前保护，可以起到价格发现和回避风险的作用。除了能为各参与者提供选择机会以满足在价格和风险方面的特定要求、减少电力交易者因市场价格波动而带来的利益风险外，还有利于供需双方信息的交流。电力交易市场主要分为中长期市场和现货市场，在电力交易所内同时进行电力现货、远期合约以及期货交易，不同的交易方式适合于不同需求的用户或者相同用户的不同需求，如何将期货市场与现货市场有序衔接是当今电力市场面临的一大难题。

在电力现货市场建立之后，现货价格的波动性令电力公司面临价格风险，建立提供平衡风险和套期保值工具的期货市场变得日益迫切。

期货市场和现货市场的衔接应注意以下几个方面：

（1）稳妥启动期货市场结算运行。

积极稳妥推进电力期货市场建设试点工作，多频次、长周期开展现货市场结算试运行，不断完善期货市场交易规则、技术支持系统功能，力争早日具备电力期货市场连续结算运行条件。同步建立发电固定成本回收机制，保障发电企业合理收益，科学引导电力规划投资，确保电力期货市场平稳有序推进。

（2）完善带电力负荷曲线交易机制

电力期货市场连续结算运行后，现货市场交易电量应全部约定发用功率一致的交易曲线，并在交易合同中明确；电力交易平台开展的集中交易应带电力负荷曲线，确保发用双方电力负荷曲线一致，促进双方的及时完整交割。为帮助市场主体做好带曲线期货合同签订工作，鼓励企业自行提供电力负荷曲线，签订期货合同。鼓励售电公司、电能服务机构等提供更细致更精准的电力负荷曲线，帮助市场主体更好参与市场交易。

（3）加强协调配合，不断完善电力市场交易机制

加强期货市场与现货市场的协调配合，不断完善电力市场交易机制，应统筹推进期货市场建设各项工作，严格电力市场监管，规范市场主体行为，维护良好电力市场秩序；按照职责分工，做好各个交易组织和合同签订等工作，确保期货市场与现货市场的有序衔接。

（4）提高交易的自主性、独立性

在同时含有电力现货、远期合约以及期货交易的交易模式中，电力联营体的作用和地位逐渐淡出，取而代之的是起到交易中介作用的电力交易所以及负责输电服务和维护作用的独立系统操作机构，对发电方与用电方之间的交易只起到监督以及服务功能，对交易方式的选择和交易内容不做过多干预。

（5）做好期货交易政策宣传工作

电力期货交易可以成为电力现货交易以及电力远期合约交易的缓冲和平衡。电力期货交易在交易成本和成交价格上与电力现货交易以及电力远期合约交易相比更为低廉，既具有电力现货交易的灵活性，也具有电力远期合约交易的相对稳定性。为了平抑电力现货市场的价格波动和风险，电力期货交易的回避风险和价格发现功能必须加以充分运用。对于发电方和电力用户而言，合理运用电力期货手段，一方面可以在一个更易接受的价位上出售或者购买电力商品，从而达到电力成本优化；另一方面可以通过期货市场与现货市场相结合进行的套期保值以规避风险，同样达到电力生产成本的优化。对于电力调度部门（或称输电服务商）而言，广泛的期货交易可以达到与长期合约交易同样的效果，即提前制定输配电调度计划及网络优化，同样降低了服务成本，从长期来看，也进一步降低了电价。因此，电力期货交易适合中等规模企业用户用作降低购电成本的经济手段。地方政府主管部门也要做好政策宣传，引导当地经营性电力用户参与期货市场交易。

9.4 我国电力期货合约特殊机制的初步考虑

电力市场化改革进程中，现货价格的波动性令电力公司面临较大的价格风险，因此建立提供平衡风险和套期保值工具的期货市场的需求变得日益迫切。但是，我国开展电力期货交易，应基于现有商品期货市场的成熟经验，从稳步起步入手，将电力期货的交易及系统与现有期货交易及系统进行对接，方便现有期货客户“接纳”电力期货。

由于电力商品无法储存且供需应瞬时平衡，为适应电力大批量交易需求和企业的中长期交易习惯，境外部分交易所推出“长短交割期限合约转换机制”（Cascading Process），较长期限的电力期货合约在最后交易日结束后可以转换成期限更短的合约继续持有交易，便于买卖双方根据自身供需情况，及时对交易电量进行调整。根据国内电力现货市场建设实际，参照境外电力期货合约设计经验，建议在国内上市季度和月度两种电力期货合约，挂牌12个月以内的期货合约，其中最近的1~3个月连续月份合约（含临近季度合约转换的3个月度合约，即2020年9月将2109季度合约转换为2109月度、2110月度和2111月度合约），3个月以后为季度合约，并采取远期季度合约转月度合约的转换机制，以更好地服务产业客户的需求。

在对期货交易的每日结算制度、交割制度设计等基本规则制度进行介绍的基础上，对国外电力期货市场的清算机制进行了分析，并分别从物理交割和现金交割两个维度对电力期货的交割机制，包括可行性及适用性、现货市场要素条件、交割过程中的风险管理等问题进行阐述。建议我国可以采用现金交割的方式。现金交割方式避免了实物交割的诸多困难，并在不影响期货基本功能发挥的同时，保证了参与者交易的连贯性，降低了市场操纵（逼仓）的可能，从而提升期货合约的流动性。

后记

2023年是全面贯彻落实党的二十大精神的开局之年。实现“双碳”目标需要电力市场的有力支撑。电力期货是电力市场的重要组成部分，有助于理顺电力价格形成机制、发挥风险管理功能、促进电力资源优化配置，对于促进“双碳”目标实现、推动绿色发展都有积极作用。在此背景下，《电力期货交易品种设计及其运营机制研究》在课题组成员的共同努力下，得以正式出版，希望能够为电力期货市场建设提供参考建议、贡献一份力量。

自2015年中发9号文发布以来，我国电力市场建设已经取得了显著成绩，各项市场要素已经初步具备，电力中长期交易机制逐步成熟，电力现货市场试点深入推进，电力市场体系初步形成，资源配置逐步由以计划为主向市场为主转变，市场化程度进一步提高。从国外电力期货市场发展历程看，电力期货市场都是在现货市场由高度垄断定价向市场化定价改革的过程中推出的，且与电力现货市场化定价改革基本同步，目前我国推出电力期货市场的基础条件已经初步具备。近年来，中国人民银行、中国证监会等多次表示支持电力期货市场建设。本书立足我国国情，在充分借鉴欧美电力期货发展经验的基础上，研究提出我国电力期货发展路径，充分发挥电力交易中心和期货交易所的各自优势，探索电力期货市场合作运营模式，提出契合我国电力市场化步伐和现货市场交易特点的期货合约设计建议，为我国电力期货市场发展提供支持，助力全国统一电力市场体系建设。

本书成稿出版过程中，杨阳、李浩民、薛建良等多位课题组成员通力合作，对书稿内容与结构进行多次研讨与修订，对我国电力现货市场建设、期货市场发展以及国际电力期货市场情况进行了反复核实、补充与完善。中国人民银行金融研究所研究员谢平老师对本书给予了许多指导。本书的顺利出版还得到了北京电力交易中心、北京金融街研究院和中国财政经济出版社的大力支持，在此一并表示衷心的感谢！

本书的编撰出版希望能帮助电力期货相关研究人员和业界人士更加全面深入理解电力期货市场理论与实践情况，助力我国电力市场化改革深入推进。由于本书覆盖范围较广，成书较为仓促及能力有限，研究深度还需加强，不当之处在所难免，恳请广大读者批评指正。

本书课题组

2023年9月1日